Stimmen zu SHIFT

Unser Planet befindet sich in einer Krise. Immer mehr Menschen werden sich der Verheerungen bewusst, die wir durch die Zerstörung und Verschmutzung der Natur und das gleichzeitige Wachstum unserer Bevölkerung anrichten. Wir haben uns die Klimakrise selbst zuzuschreiben. Das Bewusstsein dafür wächst, aber die meisten Menschen werden nicht aktiv – sie fühlen sich machtlos. Das Buch von Bernard Lietaer bietet eine Orientierungshilfe. Es zeigt Wege auf, wie wir versuchen können, in größerer Harmonie mit der Natur weiterzugehen. Wir müssen versuchen, nachhaltiger zu leben, und uns daran erinnern, dass jeder von uns etwas bewirken kann – jeden Tag.

Jane Goodall, PhD,
Gründerin des Jane Goodall Instituts und UN-Friedensbotschafterin

In *SHIFT – Drei Paradigmenwechsel…* teilt Bernard Lietaer die optimistische Vision einer nachhaltigen Zukunft, in der Effizienz und Resilienz in unseren Natur-, Wirtschafts- und Informationssystemen im Gleichgewicht sind. Der in diesem Buch skizzierte mutige Weg in die Zukunft bietet die Grundlage für wichtige Diskussionen, die geführt werden müssen, wenn unsere globale Gesellschaft in einer zunehmend komplexen Welt überleben soll. Dies ist eine wichtige Lektüre für jeden, der sich dafür interessiert, wie die Menschheit unsere technologische Zukunft meistern kann.

Michael Soskil, Co-Autor von *Teaching in the Fourth Industrial Revolution,*
2017-2018 Pennsylvania Teacher of the Year,
Top-10-Finalist des Global Teacher Prize 2016

Vor zwei Jahrzehnten betonte Peter Drucker: »Der Wandel in der Gesellschaft hat tiefgreifendere Auswirkungen auf die Unternehmen als der Wandel im Management.« Das Buch von Bernard Lietaer ist eine perfekte Illustration dieses Paradigmenwechsels, der durch die Herausforderung der Nachhaltigkeit veranschaulicht wird. Führungskräfte brauchen einen ganzheitlicheren Ansatz für die Welt und müssen den Worten Taten folgen lassen. Manager können die Arbeitsweise von Unternehmen verbessern, indem sie ein höheres Maß sowohl an Effizienz und als auch an Resilienz (Widerstandsfähigkeit) erreichen. Die Menschen sollten sich der globalen Auswirkungen ihres Lebensstils auf die Umwelt bewusst sein. Eine Welt der Nachhaltigkeit ist eine Welt mit einer anderen Mentalität, in der Informationen und Einstellungen anders – und hoffentlich besser – bewertet werden. Dies ist eine der Kernaussagen dieses bemerkenswerten Buches.

Stéphane Garelli, Gründer, World Competitiveness Center,
emeritierter Professor am IMD und an der Universität Lausanne

SHIFT – Drei Paradigmenwechsel… ist der letzte Appell eines begabten tiefschürfenden Mannes, dessen Leben dem Verständnis unserer zutiefst gestörten Welt und der Frage, was dagegen getan werden muss, gewidmet war. Das Buch verdient die Aufmerksamkeit von besorgten Menschen auf allen Ebenen der Gesellschaft.

Dee W. Hock, Gründer und CEO Emeritus, Visa Inc.,
und Autor von *One From Many*

Für ein kleines Buch enthält Bernard Lietaers *SHIFT – Drei Paradigmenwechsel...* eine außerordentlich reichhaltige Sammlung von Argumenten, Beispielen, Grundsätzen, Leitlinien und Empfehlungen, um letztlich den für das langfristige Überleben der Menschheit erforderlichen Wandel zu erreichen. In einer Welt, die aus dem Gleichgewicht geraten ist, müssen wir dringend Maßnahmen ergreifen, die den drei von Bernard Lietaer und seinen Kollegen vorgeschlagenen Paradigmenwechseln entsprechen.

Wilhelm Krull, Generalsekretär der Volkswagen-Stiftung

In seinem Buch *SHIFT – Drei Paradigmenwechsel...* legt Bernard Lietaer die Argumente für Nachhaltigkeit ebenso dar wie für eine die Angleichung des Strebens nach ökologischem und sozialem Nutzen. Er zeigt, dass Nachhaltigkeit von Wert ist, wenn sie als ausreichender und strategischer Rahmen für die Wertschöpfung, die Verbesserung der organisatorischen Methoden für Nachhaltigkeit und echte Innovation eingesetzt wird.

Der Leser erfährt, dass sich der Kontext, in dem die Welt heute agiert, verändert hat und dass ein Wandel unumgänglich ist. Der Autor ermutigt und wiederholt die positive Botschaft, dass der Wandel hin zu einem ethischen, nachhaltigen Kapitalismus im Gange ist. Dieser Wandel wird integer, ausgewogen und bedachtsam sein. Am wichtigsten ist die positive Botschaft des Autors, dass er daran glaubt, dass wir es richtig machen werden, bevor es zu spät ist.

Ich empfehle Lietaers durchdachtes Buch als Pflichtlektüre, um den stattfindenden Wandel zu verstehen und als Leitfaden für eine kreative, nachhaltige Zukunft.

Jennifer Long, Präsidentin von Biolley Farms, Costa Rica

Ich hatte nie das Vergnügen, Bernard Lietaer persönlich zu treffen, aber sein Name ist mir natürlich gut bekannt. Ich weiß, dass er seit vielen Jahren in regelmäßigem Kontakt mit der WIR Bank steht. Sei es in persönlichen Gesprächen an unserem Hauptsitz in Basel, per Telefon oder sehr oft per E-Mail. Der ständige Dialog war für beide Seiten sehr wertvoll. Einerseits fand Lietaer Antworten auf seine Fragen zur praktischen Umsetzung eines Komplementärsystems mit eigener Währung. Auf der anderen Seite lernten wir von ihm, wo genau die Probleme mit dem Euro liegen und wie und wo Silvio Gesells Grundgedanken in die Problemlösung einfließen könnten. Darüber hinaus erhielten wir von einem international anerkannten Wirtschaftswissenschaftler, der sich seit Jahrzehnten mit dem Thema Komplementärsysteme beschäftigt, eine kritische Sicht auf das WIR-System und seine Rolle in der Zukunft.

Nachhaltigkeit – der Dreh- und Angelpunkt im neuen Buch von Bernard Lietaer – ist auch der Grundgedanke unseres WIR-Systems. Seit 85 Jahren engagieren wir uns für die Förderung der kleinen und mittleren Unternehmen in der Schweiz, die das Rückgrat der Schweizer Wirtschaft bilden. Und wir werden dies auch weiterhin tun und damit zum Wohlstand unseres Landes beitragen. Wir hoffen sehr, dass das Buch von Bernard Lietaer wertvolle Impulse für eine nachhaltigere Wirtschaft geben wird.

Bruno Stiegeler, Präsident der WIR Bank, Schweiz

Zu seinen Lebzeiten war Bernard Lietaer einer der weltweit originellsten Denker über das Finanzsystem. Ich habe sehr viel von ihm gelernt und seine Arbeit hoch geschätzt. Die Nachricht von seinem Tod hat mich überrascht und sehr traurig gemacht, denn die Welt braucht seine Ideen heute mehr denn je.

Dennis Meadows, Autor von *Die Grenzen des Wachstums*,
Mitglied des Club of Rome

In unserem derzeitigen herausfordernden weltweiten Umfeld, in dem wir mit einer neuen Art von politischen Führern konfrontiert sind, die nationalistische Ziele verfolgen, gestärkt durch kleine und gut organisierte soziale Aktivistengruppen und alte korrupte politische Parteien, denen es vor allem darum geht, ihre politische Macht über die dringenden sozialen Bedürfnisse zu stellen, stehen die weltweiten Unternehmensorganisationen unter dem enormen Druck der Aktionäre, die eine sofortige und kurzfristige Gewinnsteigerung von Jahr zu Jahr fordern.

Das akademische Umfeld konzentriert sich hauptsächlich auf Innovation, Wettbewerb und die Auswirkungen der technologischen Revolution, mit denen wir in allen Disziplinen konfrontiert sind. Aber die in Bernard Lietaers Buch erwähnten Themen werden nicht so berücksichtigt, wie es für den Aufbau und die Stärkung einer wirklich nachhaltigen Welt notwendig wäre.

Die Paradigmen in Bernards Buch sind ein großartiger Beitrag, den es unbedingt zu berücksichtigen gilt, und sie sollten in der akademischen Welt beginnen und bereits zu Beginn des Bildungszyklus in der High School oder Junior High umgesetzt werden. Nachhaltigkeit und Effizienz müssen in den strategischen Planungsprozess unserer Unternehmen und Behörden einfließen, wobei diese Maßnahmen als Unternehmens- und Regierungsziele für eine überragende Wertschöpfung in unserer Welt Vorrang haben müssen.

Federico G. Lepe,
Präsident der Internationalen Logistikkommission,
Rat der Industrie- und Handelskammern, Mexiko

Bernard Lietaer

mit Helga Preuß, Marek Hudon, Dieter Legat,
Kristof de Spiegeleer, Cary Sherburne

SHIFT

Drei Paradigmenwechsel

Bernard Lietaer
mit Helga Preuß, Marek Hudon,
Dieter Legat, Kristof de Spiegeleer,
Cary Sherburne

SHIFT

Drei Paradigmenwechsel,
die wir vollziehen müssen,
um zukunftsfähig zu werden

NEUE ERDE

Bücher haben feste Preise.
1. Auflage 2023

Bernard Lietaer
SHIFT – Drei Paradigmenwechsel, die wir vollziehen müssen, um eine Zukunft zu haben

Der Titel des englischen Originals lautet
»Towards a Sustainable World – 3 Pradigm Shifts To Achieve«.
Autorisierte Übersetzung aus dem Englischen von Andreas Lentz.

Umschlaggestaltung:
Dragon Design, GB

Satz und Gestaltung:
Dragon Design, GB
Gesetzt aus der Palatino

Gesamtherstellung: Appel & Klinger, Schneckenlohe
Printed in Germany

ISBN 978-3-89060-830-3

Neue Erde GmbH
Cecilienstr. 29 · 66111 Saarbrücken
Deutschland · Planet Erde
www.neue-erde.de

MIX
Papier aus verantwortungsvollen Quellen
FSC www.fsc.org
FSC® C100257

Inhalt

Lieber Leser!

Ich habe mein ganzes Berufsleben in der Welt des Geldes verbracht. Seit 1987 habe ich in vielen Projekten auf der ganzen Welt Komplementärwährungen entwickelt, erprobt und eingeführt. Diese Arbeit und das gesamte Konzept der Geldsysteme haben in den turbulenten Zeiten, in denen wir uns im zweiten Jahrzehnt des neuen Jahrhunderts befinden, noch mehr Bedeutung. Und da sich mein Leben dem Ende zuneigt, sehe ich mich gezwungen, Ihnen, lieber Leser, meine Gedanken darüber mitzuteilen, wie wir als Menschheit die kritischen Herausforderungen angehen können und müssen, die sich uns stellen – und die in der Tat unser Überleben bedrohen.

Ich sehe die Menschheit heute vor enormen Herausforderungen stehen, darunter drei, die überwältigend sind:

- **Die Klimaveränderungen:** Sie finden statt und werden drastische Veränderungen für unser Leben und Überleben mit sich bringen. Es handelt sich wirklich um einen Klimanotstand, und wir nähern uns rasch dem Punkt, an dem es kein Zurück mehr gibt.

- **Flüchtlinge:** Die Organisation für wirtschaftliche Zusammenarbeit und Entwicklung (OECD) prognostiziert, dass Europa mit Hunderten von Millionen von Migranten fertigwerden muss. Ähnliche Wanderungsbewegungen sind auch weltweit zu erwarten, angetrieben sowohl durch den Klimawandel als auch durch die politischen und wirtschaftlichen Bedingungen in ihren Heimatländern.

- **Währungsstabilität:** Unser derzeitiges Währungssystem taumelt von einem Crash zum nächsten.

Dennoch bin und bleibe ich optimistisch. Ich glaube, dass die Menschen schon immer mit Herausforderungen konfrontiert waren, die über die Grenzen ihrer derzeitigen Möglichkeiten hinausgingen. Solche Herausforderungen haben die Menschen gezwungen, zu wachsen und sich in die nächste Phase ihrer Entwicklung zu begeben, indem sie die Paradigmenwechsel, mit denen sie konfrontiert waren, auf mustergültige Weise bewältigten. Wir befinden uns jetzt in einer Phase, in der wir in eine neue Phase unserer Entwicklung eintreten müssen, und dieses Mal müssen wir gleichzeitig drei kritische Paradigmenwechsel bewältigen.

Das ist also unsere heutige Situation: Wir stehen vor Herausforderungen, wie wir sie noch nie zuvor gesehen haben. Dennoch sehe ich die Chance für die Menschheit, zu lernen und sich weiterzuentwickeln. Die Chance besteht darin, drei Paradigmenwechsel zugleich zu vollziehen, etwas, was die Menschheit noch nie zuvor tun musste. Diese Paradigmenwechsel sind das Thema dieses Buches. Wir müssen uns bewegen:

- von Aristoteles' linearem Ursache-Wirkung-Prinzip zu einem ausgewogeneren taoistischen Paradigma,
- von einem patrifokalen zu einem eher matrifokalen Paradigma und
- von zentral verwalteten zu persönlich verwalteten Informationen.

Da sich mein Leben dem Ende zuneigt, schreibe ich dieses letzte Buch, um zu zeigen, dass es trotz der Schwere der Herausforderungen, vor denen wir stehen, keinen Grund zur Verzweiflung gibt. Stattdessen fordere ich die Menschen dieser Welt – jeden einzelnen – auf, aufzustehen und diese drei Paradigmenwechsel zu vollziehen (besser noch: anzuführen). Das ist der einzige Weg in eine nachhaltige Zukunft.

Ich wünsche Ihnen allen viel Erfolg!

Bernard Lietaer, 10. Januar 2019

Anmerkung der Redaktion: Bernard Lietaer verstarb am 4. Februar 2019 nach einer Krankheit, die er überwunden zu haben glaubte.

An die Führer unserer Welt

Sie sind verantwortlich für eine nachhaltige Welt.

Führen Sie zur Nachhaltigkeit.

Führen Sie zu einem Gleichgewicht zwischen matrifokalen und patrifokalen Werten.

Überführen Sie die Informationen der Menschen in ihre persönliche Verfügung.

Die Geschichte dieses Buches

Die Entstehungsgeschichte dieses Buches ist eine ganz besondere.

Am 9. und 10. Januar diktierte Bernard in Hoyerhagen (Deutschland) das Vorwort des Buches und erläuterte dann Dieter Legat und seiner Lebensgefährtin Helga Preuss ausführlich, was der Inhalt des Buches sein sollte. Das Buch sollte sein Vermächtnis sein, die Essenz seines Lebenswerkes, das, was er der Menschheit als seinen Aufruf zum Handeln hinterlassen wollte.

Die drei Paradigmenwechsel, die er für die Menschheit als entscheidend erachtete, um unsere Welt wieder zur Nachhaltigkeit zu führen, sollten im Mittelpunkt des Buches stehen – basierend auf dem Gesetz der Nachhaltigkeit lebender Systeme, das er mit seinen Freunden Robert E. Ulanowicz und Sally J. Goerner entdeckt hatte.

Er bestimmte auch, dass Marek Hudon, sein Nachfolger als Hochschullehrer, das Manuskript redigieren und einige Verweise vorschlagen sollte; und Helga sollte darauf achten, dass jedes Wort genau in seinem Denkrahmen lag. Kristof de Spiegeleer, Experte für Informationssysteme, sollte anhand von Bernards Notizen den Inhalt von Paradigma 3 fertigstellen. Cary Sherburne, eine erfahrene Redakteurin, wurde gebeten, bei der Umwandlung des Manuskripts in einen für Laien leicht lesbaren Text zu helfen, und Dieter Legat sollte der Schreiber des Teams sein.

So sind wir, geführt von Bernard, zu diesem Buch gekommen, seiner letzten Botschaft an die Menschheit.

Vielen Dank, Bernard, dass wir dir dienen durften.

Helga Preuß, Marek Hudon, Kristof de Spiegeleer,
Dieter Legat, Cary Sherburne

Die Redaktion: Helga war jahrelang Bernards Lebensgefährtin; Marek ist Professor an der Université Libre de Bruxelles (ULB), Belgien; Kristof ist CEO von THREEFOLD, einem führenden High-Tech-Unternehmen, das weltweit eine komplementäre Token-Währung einsetzt; Dieter ist ein pensionierter Hewlett-Packard-Manager und Top-Management-Berater, der seit mehr als 40 Jahren mit Bernard befreundet war; Cary ist leitende Redakteurin bei WhatTheyThink, einer Medienressource, die sich auf den Wandel von der analogen zur digitalen Welt in verschiedenen Branchen konzentriert, Marketingberaterin und Autorin.

Weitere Informationen über Bernard Lietaer und das Erreichen der in diesem Buch beschriebenen Paradigmenwechsel sowie die Möglichkeit, sich an der globalen Diskussion zu beteiligen, finden Sie unter bernard-lietaer.org.

Auf einen Blick

Noch vor wenigen Jahren genossen wir das Leben, und die Zukunft sah glänzend aus. Menschen betraten den Mond. Wir bekamen Krankheiten unter Kontrolle. Die Demokratie breitete sich auf der ganzen Welt aus. Die Rechte der Frauen wurden gestärkt. In den meisten Ländern der Welt herrschte Frieden. Der Wohlstand wuchs. Die Zukunft für unsere Kinder sah rosig aus. Wir waren stolz auf das, was wir ihnen hinterlassen würden.

Heute scheint die Freude am Leben für viele verschwunden zu sein. Jetzt beherrscht Angst die Welt. Bedrohungen gibt es, wohin wir auch schauen. Wird der Klimawandel unsere Heimat in Wüsten verwandeln – oder sie in den steigenden Ozeanen versinken lassen? Werden Tausende von Einwanderern das wirtschaftliche Klima so dramatisch verändern, dass es unsere Chancen auf gute Arbeitsplätze zunichte macht? Wird unsere Wirtschaft zusammenbrechen? Werden unsere Ersparnisse verschwinden? Wird ein neues Gleichgewicht der Weltmächte unsere Länder zerstören? Werden unsere Kinder eine sichere Zukunft haben? Werden wir jemals die massiven kulturellen und politischen Gräben überwinden, die uns in immer mehr zerstrittene Gruppen zu treiben scheinen?

Diese Bedrohungen fühlen sich real an, nicht wahr? Oft scheint es, als könnten wir nichts tun, als bliebe uns nichts anderes übrig, als uns vor der Zukunft zu fürchten.

Dieses Buch sagt mit Nachdruck *NEIN*, das ist nicht wahr. Es sagt, dass wir die Dinge umkehren können. Aber dazu müssen wir Menschen die Art und Weise ändern, wie wir unsere Welt sehen, und zwar durch drei gleichzeitige Paradigmenwechsel, die uns helfen werden, zu definieren was in der Welt wirklich schiefläuft, was dagegen zu tun ist und wie wir als Einzelpersonen und als Teil von Familien, Gemeinschaften und verschiedenen Organisationen die erforderlichen Veränderungen vorantreiben können.

Paradigmenwechsel, eine Definition:

Eine Situation, in der die übliche und akzeptierte Art und Weise, etwas zu tun oder zu denken, grundlegend verändert wird. [1]

Erstens: Wir müssen eine neue Brille aufsetzen und unsere Welt durch eine andere Linse betrachten. Wir müssen anfangen, sie in einem anderen Licht zu sehen. Wir müssen unsere Welt als ein großes Lebewesen betrachten, das aus vielen kleineren Lebewesen besteht[2] – aus sich selbst organisierenden Lebensformen. In der Tat sind wir als Individuen selbstorganisierende Lebensformen oder Systeme, ebenso wie unsere Familien, unsere Gesellschaften, Wälder, das Meer, unsere Geldsysteme, unsere Länder, unsere Volkswirtschaften... Dies ist *keineswegs* unwissenschaftlich – es ist einfach eine andere Art, unsere Welt zu betrachten.

Zweitens: Wir müssen diese Systeme so betrachten, wie es die Natur tut. Wir müssen erkennen, dass sowohl unser Wohlergehen als auch unsere Zukunft davon abhängen, wie nachhaltig diese Lebensformen oder Systeme sind. Wir müssen begreifen, dass die Ursache unserer Probleme darin liegt, dass viele dieser Systeme in ihrer derzeitigen Form nicht mehr nachhaltig sind.

Und wir müssen erkennen, was wir tun müssen, um sie wieder nachhaltig zu machen.

Drittens: Wir müssen, anstatt uns auf eine die Welt verbessernde Politik zu konzentrieren, einige wichtige Dinge ändern, die die *Ursache* für unsere Probleme sind. Programme, die sich mit dem Klimanotstand befassen, unsere Wirtschaft in Ordnung bringen, Flüchtlinge fernhalten... all das bekämpft die Symptome, nicht die eigentlichen Ursachen. Und sich bloß auf die Symptome zu konzentrieren, ist weder effektiv noch effizient... es überwältigt einen auch.

Vielmehr müssen wir die eigentliche Ursache angehen, und die ist ein einziges Problem: Unsere Welt ist nicht nachhaltig, weil sie aus dem Gleichgewicht geraten ist.

Dieses Buch ist eine Aufforderung zum Handeln. Es wurde nicht geschrieben, um nur von ein paar Wissenschaftlern oder Aktivisten gelesen und diskutiert zu werden. Es richtet sich an die ganze Welt, an jeden Menschen, an alle Verantwortlichen in dieser Welt, wo immer sie auch sein mögen. An Sie, unsere Leser. An Sie, die Spitzenpolitiker in den USA, in China, in Europa – überall auf der Welt. An Sie, die Wirtschaftsführer. An Sie, die geistigen Führer:

Es liegt an uns allen, unsere Welt wieder ins Gleichgewicht zu bringen und auf Nachhaltigkeit hinzuarbeiten. Nur dann wird die Angst vor der Zukunft der Vergangenheit angehören.

Dieses Buch zeigt uns, wie es geht.

> Change Agents haben Mut – eine gewisse Unerschrockenheit gegenüber der Zukunft.
>
> Jack Welch, ehemaliger CEO von General Electric

Die Sprache der neuen Paradigmen

> Die großen Probleme unserer Zeit – die Gefahr eines Atomkriegs, die Zerstörung unserer natürlichen Umwelt, unsere Unfähigkeit, mit der Armut und dem Hunger in der Welt fertigzuwerden... – sind allesamt verschiedene Facetten einer einzigen Krise, die im Wesentlichen eine Wahrnehmungskrise ist. Sie rührt daher, dass die meisten von uns – und vor allem unsere großen gesellschaftlichen Institutionen – den Konzepten eines überholten Weltbildes anhängen.
>
> Fritjof Capra, Wissenschaftler, Autor, Pädagoge und Aktivist

Jeder Beruf hat seine eigene Sprache für seinen Arbeitsbereich, sein Paradigma, die Art und Weise, wie er seinen Bereich und die Welt um ihn herum betrachtet. Feuerwehrleute, Ärzte, Flugzeugpiloten – sie alle haben spezifische Begriffe, um die Art der Herausforderungen, die zu überwindenden Hindernisse und die zu ergreifenden Maßnahmen zu beschreiben, Begriffe, die außerhalb ihres jeweiligen Berufs wahrscheinlich nicht verstanden werden. Klare Bedeutungen sind die Voraussetzung für ein Paradigma. Nur so können Menschen beschreiben, etwas mitteilen und kommunizieren.

So, wie jeder Beruf seine eigene Sprache hat, so haben auch unsere neuen Paradigmen ihre eigene Sprache. Es ist eine globale

Sprache, die allen helfen wird, die Gefahren zu verstehen, denen wir gegenüberstehen, und was wir gegen sie unternehmen können. Die Begriffe, die in unserer speziellen Sprache verwendet werden, sind hier kurz aufgeführt und erklärt und werden in diesem Buch ausführlicher erläutert.

Um die Erörterung in einer gemeinsamen Sprache zu beginnen, haben wir Schlüsselbegriffe definiert, die für das Verständnis der drei erforderlichen Paradigmenwechsel wichtig sind. Sie werden den Lesern im weiteren Verlauf des Buches als Bezugspunkte dienen.

Allgemein

- **Paradigma:** Grundsätzliche Denkweise, Denkrahmen, Konzepte, Methoden, kausale Zusammenhänge.
- **Yin und Yang:** Das Prinzip, dass alle Dinge als untrennbare und sich ausschließende Gegensätze existieren, zum Beispiel weiblich und männlich, dunkel und hell, alt und jung.[3]

Paradigmenwechsel 1: Von Aristoteles zum Tao

Lebendige Systeme

- **Lebende Systeme:**[4] Selbstorganisierende Lebensformen, die mit ihrer Umwelt interagieren.
- **Fluss:** Diese lebenden Systeme werden durch den Fluss von Informationen, Energie und Materie aufrechterhalten. Wenn der Fluss behindert wird, bekommt das System Schwierigkeiten.

- **Netzwerkbetrachtung des lebenden Systems:** Bei diesem Ansatz werden Systeme als ein Netzwerk von Elementen betrachtet, die durch Informations-, Energie- und Materieflüsse interagieren.
- **Ökosystem:** Die Gesamtheit eines Systems und aller Systeme, mit denen es in Wechselwirkung steht.
- **Effizienz eines lebenden Systems:** Die Fähigkeit eines lebenden Systems, auf ausreichend organisierte und effiziente Weise zu funktionieren, um seine Integrität dauerhaft zu erhalten.
- **Die Resilienz eines lebenden Systems:** Die Reserve an flexiblen Ausweichmöglichkeiten und die Vielfalt an Maßnahmen, die genutzt werden können, um sich verändernden Bedingungen und der für die kontinuierliche Entwicklung und Evolution erforderlichen Innovation zu begegnen.
- **Die Nachhaltigkeit eines lebenden Systems:** Die Eigenschaft, über einen bestimmten Zeitraum hinweg weiter zu funktionieren.[5]
- **Lebensfähigkeit:** Die Fähigkeit zu leben, zu wachsen und sich zu entwickeln.[6]

Ursache-Wirkungs-Logik

- **Kausalität:** Der Zusammenhang zwischen Ursache und Wirkung.
- **Lineare Kausalität:** Eine Ursache führt direkt zu einer Wirkung.
- **Lineares System:** Ein System, das auf eine Ursache (Auslöser) mit einer Wirkung reagiert.

- **Nichtlineares System:** Ein System, das auf eine Ursache (Auslöser) mit mehreren und wechselnden Auswirkungen reagiert.

Währungssystem

- **Monetäres System:** Ein System, das den Fluss des Geldes organisiert.
- **Währungssystem, konventionell:** Das offizielle Währungssystem, das weltweit verwendet wird, unabhängig von der politischen Ausrichtung der Länder. Es besteht aus einer Reihe von Maßnahmen, Rahmenbedingungen und Institutionen, durch die die Regierung Geld in eine Volkswirtschaft bringt. Zu diesen Institutionen gehören die Münzanstalt, die Zentralbank, das Finanzamt und andere Finanzinstitute.[7]
- **Monetäres System, komplementär:** Ein zusätzliches Geldsystem, das das konventionelle System ergänzt (kein alternatives System).
- **Demurrage-Währung (Demurrage Currency):** Eine Währung, bei der der Wert der Währungseinheiten im Laufe der Zeit zu einem festen Kurs fällt.

Paradigmenwechsel 2: Hin zu einem besseren Gleichgewicht zwischen matrifokal und patrifokal

- **Matrifokal:** In einer matrifokalen Familie oder Gesellschaft spielen die Frauen die Hauptrolle und die Männer eine weniger wichtige Rolle.

- **Matrifokalität:** Der Schwerpunkt liegt auf der Resilienz (Widerstandsfähigkeit) und den längerfristigen Ergebnissen.
- **Patrifokal:** In einer patrifokalen Familie oder Gesellschaft spielen die Männer die Hauptrolle und die Frauen eine weniger wichtige Rolle.
- **Patrifokalität:** Der Schwerpunkt liegt auf Effizienz und kurzfristigen Ergebnissen.

Paradigmenwechsel 3: Hin zu mehr persönlicher Verfügung über Informationen

- **Zentralisierung von Informationen:** Speicherung von Informationen und Verwaltung des Zugriffs durch eine zentrale Organisation.
- **Dezentralisierung von Informationen:** Informationen, die von jedem Mitglied eines Netzes gespeichert und verwaltet werden.
- **Verteilte Informationen:** Jeder Nutzer verfügt über die gleichen Informationen. Ist dies nicht der Fall, verfügen ein oder wenige Nutzer über sie.
- **Proprietäre Informationen:** Informationen, die nicht öffentlich bekannt sind und als Eigentum des Inhabers angesehen werden.
- **Persönliche Informationen:** Informationen oder Meinungen, einschließlich Informationen oder Meinungen, die Teil einer Datenbank sind, unabhängig davon, ob sie wahr sind oder nicht, und unabhängig davon, ob sie in materieller Form

gespeichert sind oder nicht, über eine Person, deren Identität aus den Informationen oder Meinungen ersichtlich ist oder nach vernünftigem Ermessen ermittelt werden kann.

- **Private Informationen:** Informationen, die ein Nutzer vor der Öffentlichkeit verbergen möchte. Kreditkarten-, Sozialversicherungs- und Finanzkontonummern sowie Passwörter für Websites und andere Einrichtungen werden in der Regel privat gehalten.

Wir verstehen, dass diese Begriffe nicht notwendigerweise im allgemeinen Gebrauch sind. Aber wenn wir sie hier definieren, wird es unseren Lesern helfen, die Paradigmenwechsel, die dieses Buch vorstellt, besser zu verstehen.

Ausgestattet mit dieser Sprache wollen wir nun einen Blick auf jeden dieser drei Paradigmenwechsel werfen, die wir für unerlässlich halten, um das Gleichgewicht in unserer Welt wiederherzustellen und uns in Richtung einer nachhaltigen Zukunft zu bewegen.

Paradigmenwechsel 1: Von Aristoteles zum Tao

> Wie alle großen Übergänge in der Geschichte der Menschheit wird auch der Übergang von einer linearen zu einer Kreislaufwirtschaft ein turbulenter sein. Es wird Helden und Pioniere geben, Pessimisten und Hindernisse, Momente des Sieges und des Zweifels. Wenn wir jedoch durchhalten, werden wir unsere Wirtschaft wieder auf einen Weg des Wachstums und der Nachhaltigkeit bringen.
>
> Frans van Houten, CEO bei Royal Phillips

Nachhaltigkeit: Das Ziel von lebenden Systemen

Lebende Systeme sind Lebensformen, die durch Ströme von Informationen, Energie und Materie aufrechterhalten werden, mit ihrer Umwelt interagieren und sich selbst organisieren. Wälder sind lebende Systeme ebenso wie Tiere, Unternehmen, Gesellschaften und natürlich auch Menschen.

Solche Lebensformen haben ein übergeordnetes Ziel: heute und morgen gesund und lebendig zu bleiben; mit anderen Worten: Ihr Ziel ist Nachhaltigkeit.

Die entscheidende Frage: Wie können wir sicherstellen, dass lebende Systeme lebensfähig und damit nachhaltig bleiben?

Je weiter wir in der Geschichte voranschritten, desto mehr lernten wir über unsere Welt und uns selbst und desto mehr erfuhren wir, dass unser eigenes Überleben davon abhängt, lebende Systeme nachhaltig im Gleichgewicht zu halten: Die Wälder, die den Sauerstoff produzieren, den wir zum Atmen brauchen; die Banken, die uns mit Geld versorgen; die Regierungen, die uns Sicherheit bieten; die Gesundheitssysteme, die uns im Bedarfsfall helfen; die Unternehmen, die uns Gehälter zahlen, von denen wir leben können – um nur einige zu nennen.

Die Logik des Aristoteles: Nur teilweise die Antwort

Ein paar hundert Jahre vor Christus machte uns Aristoteles ein großes Geschenk: die Grundsätze der Logik. Seitdem verwenden wir diese Grundsätze, um Entscheidungen zu treffen. Sie beruhen auf »Wenn-Dann«-Annahmen wie:

»Wenn ich den Ball gut schieße, wird er im Tor landen«, oder als Unternehmensleiter: »Wenn wir mehr Vertriebsmitarbeiter einstellen, werden wir mehr Produkte verkaufen.«

Logikexperten bezeichnen diese Art der Ursache-Wirkungs-Logik als linear: eine Ursache führt direkt zu einer Wirkung.

Leider wird Aristoteles' Logikmodell der Realität oft nicht gerecht: Die Interaktionen, mit denen wir im Leben konfrontiert werden, sind selten linear. Stattdessen treten sie oft in Schleifen auf – vorwärts oder rückwärts in der Kette der Ereignisse, was oft zu unvorhergesehenen Konsequenzen führt.

Abb. 1: Aristoteles, griechischer Philosoph, 384–322 v. Chr.
Begründer der linearen Kausalität.

In Abbildung 2 sehen wir die direkte Linie zwischen der Ursache (dem Schießen des Balls oder der Einstellung von mehr Verkäufern) und der erwarteten Wirkung (Ball im Tor oder mehr Umsatz). Aber die nicht-lineare Kausalität, die rechts daneben in Abbildung 3 gezeigt wird, ist eher das, was wir in realen lebenden Systemen sehen werden. Es gibt Schleifen und Bedingungen, die das erwartete Ergebnis verstärken, behindern oder verzögern. Sicherlich können wir mehr Aufträge erwarten, wenn wir mehr Vertriebsmitarbeiter einstellen. Aber mehr Aufträge können unerwartete Folgen haben, etwa Rückstände und Lieferverzögerungen, die sich negativ darauf auswirken können, ob wir diese Aufträge tatsächlich erhalten oder nicht – ob die Kunden diese Verzögerungen und längeren Lieferzeiten akzeptieren werden. Dies wird von Logikexperten als nichtlineare Kausalität bezeichnet und ist in lebenden Systemen in der Regel häufiger anzutreffen als die einfachere lineare Kausalität.

Reale lebende Systeme sind natürlich viel vernetzter als unser vereinfachtes Beispiel in Abbildung 2, sondern eher wie in Abbil-

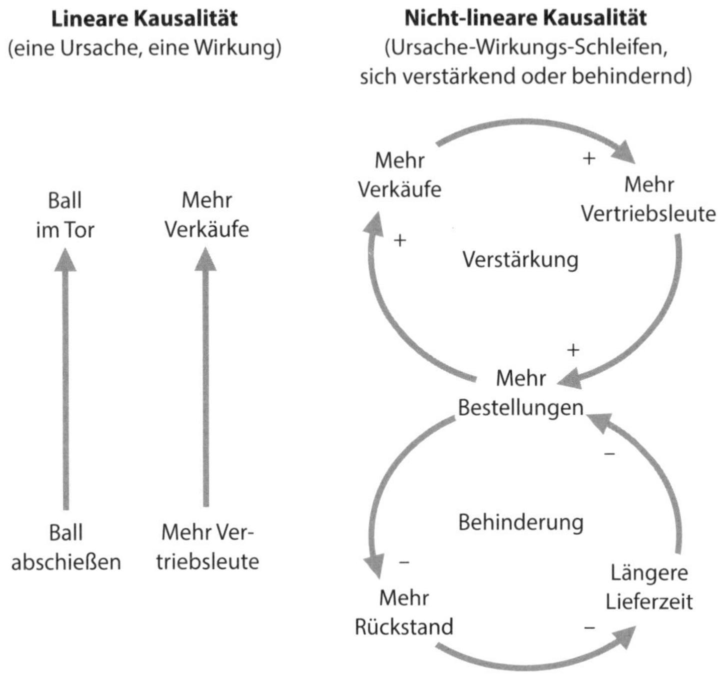

Abb. 2: Lineare Kausalität ist »gradlinig«, nicht-lineare »kreisförmig«.

dung 3 dargestellt. Hier sehen wir, dass der Rückgang der Waldfläche auf der Insel Negros (eine Insel auf den Philippinen) das Ergebnis mehrerer miteinander verflochtener Ursache-Wirkungs-Schleifen ist.[8] Dies ist viel repräsentativer für tatsächliche lebende Systeme als die einfachen Schleifen in Abbildung 2.

In solchen Fällen gilt die lineare Logik des Aristoteles für Ursache-Wirkung-Beziehungen zwischen zwei Knotenpunkten – nicht aber für Ursache-Wirkungs-Beziehungen innerhalb des gesamten lebenden Systems.

Unsere Abbildung zeigt ein von Forschern des World Wildlife Fund erstelltes Kausalverlaufsdiagramm, das den Rückgang

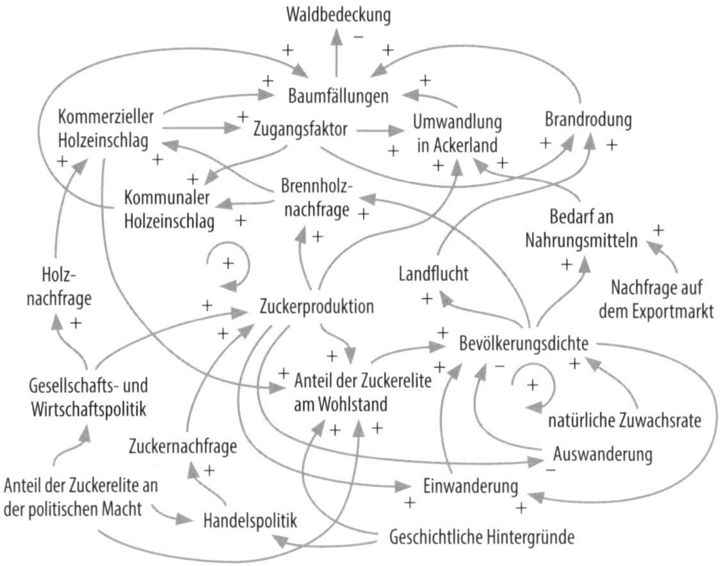

Abb. 3: In lebenden Systemen herrschen nicht-lineare (kreisförmige) Kausalitäten vor.

der Waldfläche auf der Insel Negros darstellt. In das Modell sind zwei primäre positive Rückkopplungsschleifen eingebettet: eine durch die Sozial- und Wirtschaftspolitik und eine zweite durch die Bevölkerungsdichte.

Das Gesetz der Nachhaltigkeit für lebende Systeme

Bernard erkannte diese Grenzen der aristotelischen Logik und suchte nach einer Antwort auf die Frage: »Was macht ein lebendes System nachhaltig?« Gemeinsam mit Sally J. Goerner und Robert E. Ulanowicz (beides führende Wissenschaftler) suchte Bernard nach einer Antwort. 2008 präsentierten sie ihre gemeinsamen Ergebnisse: den wissenschaftlichen Beweis, dass lebende Systeme ein Gleichgewicht zwischen Effizienz und Resilienz erreichen müssen, um Nachhaltigkeit zu erreichen.[9]

Das Gesetz der Nachhaltigkeit

Um ein Optimum an Nachhaltigkeit zu erreichen, muss ein lebendes System ein Gleichgewicht von Effizienz und Resilienz herstellen.

Abbildung 4 ist ein Diagramm aus dem Buch *Money and Sustainability – the Missing Link (Geld und Nachhaltigkeit)*.[10] Sie zeigt Nachhaltigkeit als Gleichgewicht zwischen Resilienz und Effizienz. Bernard und seine Freunde fanden heraus, dass alle natürlichen Ökosysteme in einem engen Bereich der Lebensfähigkeit um den optimalen Punkt dieses Gleichgewichts herum funktionieren. Mit anderen Worten: Der optimale Punkt ist das ideale Gleichgewicht zwischen Effizienz und Resilienz. Das Fenster der Lebensfähigkeit definiert den akzeptablen Bereich, bevor das Gleichgewicht zu weit in die eine oder andere Richtung kippt und die Nachhaltigkeit des Systems beeinträchtigt wird.

> Alles im Leben… muss im Gleichgewicht sein.
>
> Donna Karan, Modedesignerin

Komplementäre Kräfte

Sowohl die Belastbarkeit als auch die Effizienz hängen mit dem Grad der Vielfalt und der Konnektivität des Netzes zusammen, allerdings in entgegengesetzter Richtung:

Eine gut vernetzte Vielfalt an Verbindungen und Diversität wirkt sich beispielsweise positiv auf die Widerstandsfähigkeit aus, da zusätzliche Optionen dem System helfen, sich vom Ver-

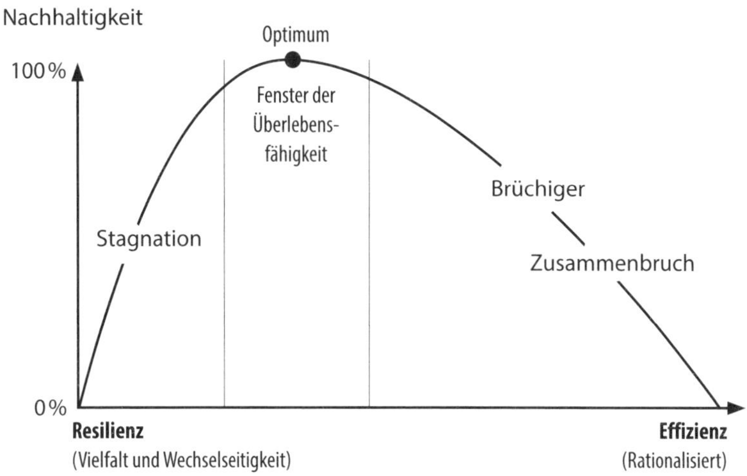

Abb. 4: Gesetz der Nachhaltigkeit: Lebende Systeme sind nachhaltig wegen ihres Gleichgewichts von Resilienz und Effizienz.

lust oder der Störung eines oder mehrerer Pfade oder Knotenpunkte zu erholen.

Lebende Systeme benötigen jedoch auch einen effizienten, durchgängigen Kreislauf von Produkten, um wichtige Prozesse auf allen Ebenen des Ganzen richtig zu katalysieren. Redundante Pfade und überflüssige Verbindungen behindern die Effizienz des Durchsatzes und führen zu einer Stagnation, die die Vitalität untergräbt.

Kurz gesagt: Resilienz und Effizienz sind im Wesentlichen komplementäre Kräfte, denn die Rationalisierung, die die Effi-

Wissenschaftliche Details zum Gesetz der Nachhaltigkeit

Die langfristige Aufrechterhaltung der Vitalität scheint in hohem Maße von zwei strukturbezogenen Merkmalen abhängig zu sein:

1. Effizienz: die Fähigkeit des Netzes, in einer ausreichend organisierten und effizienten Weise zu arbeiten, um seine Integrität im Laufe der Zeit aufrechtzuerhalten und

2. Resilienz: die Reserve an flexiblen Ausweichpositionen und die Vielfalt an Aktionen, die genutzt werden können, um den Anforderungen neuartiger Störungen und der für die kontinuierliche Entwicklung und Evolution erforderlichen Neuartigkeit zu begegnen.

Die zugrundeliegende Mathematik ist so gut, dass es nur ein einziges Maximum für jedes beliebige Netzwerksystem gibt. Da die optimale Nachhaltigkeit leicht auf der Seite der Belastbarkeit liegt, deutet die daraus resultierende Asymmetrie interessanterweise darauf hin, dass die Belastbarkeit eine größere Rolle bei der optimalen Nachhaltigkeit spielt als die Effizienz.

Von Sally J. Goerner, Bernard Lietaer, Robert E. Ulanowicz: »Quantifying economic sustainability: Implikationen für Theorie, Politik und Praxis der freien Wirtschaft«, 28. August 2009.

zienz erhöht, verringert automatisch die Resilienz. Im allgemeinen bedeutet also mehr Effizienz weniger Resilienz und umgekehrt bedeutet mehr Resilienz weniger Effizienz. Die Herausforderung besteht darin, das Gleichgewicht zu finden, das das Fenster der Lebensfähigkeit definiert.

Wirtschaftliche Lebensfähigkeit

In ihrer Veröffentlichung schreiben Bernard und seine Kollegen: »Der Grundgedanke ist, dass die gleichen Gesetze des Wachstums und der Entwicklung sowohl für natürliche als auch für wirtschaftliche Flusssysteme gelten. [...] Wir hoffen, dass die neue Fähigkeit, gesunde Entwicklung in komplexen Flusssystemen zu definieren und zu messen, [...] dazu beitragen kann, eine solide empirisch-mathematische Grundlage für die genauere Erkenntnis zu schaffen, wie wirtschaftliche Vitalität aufgebaut und erhalten werden kann, die von einer Vielzahl von Aktivisten, vom Mikrokredit-Banker Mohammed Yunus bis zum Ökonomen des natürlichen Kapitalismus Paul Hawkins, vertreten wird.«

> So heißt es: Für den, der die himmlische Freude versteht, ist das Leben das Wirken des Himmels; der Tod ist die Umwandlung der Dinge. In der Stille teilen er und das Yin eine einzige Tugend; in der Bewegung teilen er und das Yang einen einzigen Fluss.
>
> Zhuangzi, Die vollständigen Werke von Chuang Tzu

Die Sicht des Tao: Ausgewogene Kräfte

Wir sehen also, dass die aristotelische Ursache-Wirkungs-Logik bei der Analyse komplexer lebender Systeme, seien es natürliche, menschliche oder wirtschaftliche Systeme, viel zu wünschen übriglässt. Um Aristoteles zu ergänzen und ein umfassenderes Verständnis von lebenden Systemen zu ermöglichen, wenden wir uns der Sichtweise des Tao zu.

Die Taoisten gingen davon aus, dass alle Kräfte in komplementären Paaren existieren – wie Himmel und Erde, Feuer und Wasser, Einatmen und Ausatmen, Ziehen und Schieben, Leben und Tod und so weiter. Wie Abbildung 5 in Bezug auf die taoistische Sichtweise zeigt, gilt dies auch für das menschliche Verhalten.

Die Kernbotschaft ist, dass – obwohl jede Seite des Paares offensichtlich eine separate Kraft ist – das Paar auch Teil einer einzigen letztendlichen Einheit ist, des Tao, und daher braucht jedes sein Gegenteil, um zur Ganzheit zu gelangen. Mit anderen Worten: Es kommt auf das Gleichgewicht zwischen den beiden an, nicht auf das eine *oder* das andere.

Das Yin-Yang-Symbol veranschaulicht dies, indem es als Kern jeder Seite ein Element der anderen Seite zeigt (dargestellt durch die kleinen Punkte in Abbildung 6).

Fünf Prinzipien sind für die Yin-Yang-Sichtweise wesentlich:

1. Beide sind gleich.
2. Jedes steht dem anderen gegenüber.
3. Beide bedingen sich gegenseitig.
4. Beide halten sich gegenseitig die Waage.
5. Beide müssen im Gleichgewicht sein, um eine gesunde, harmonische Situation zu erreichen.

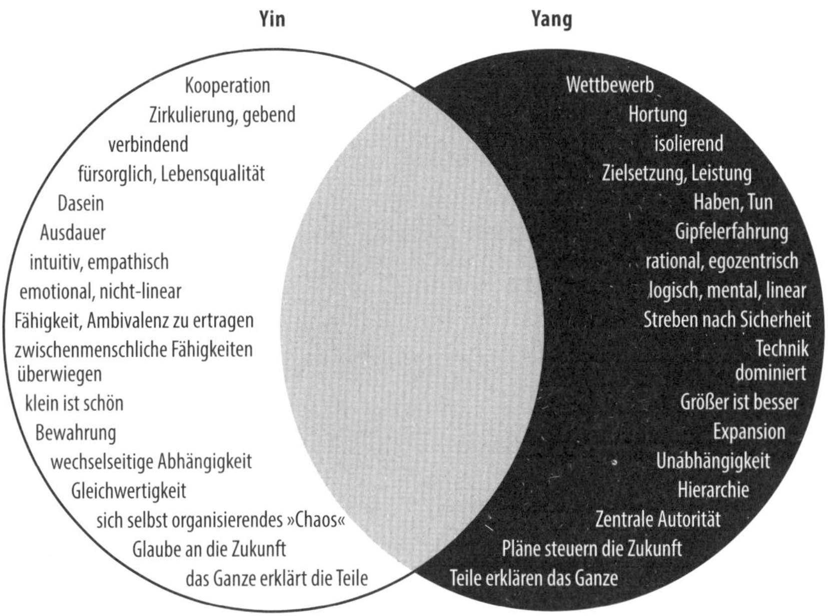

Abb. 5: Yin und Yang – Gegensätzliche Kräfte im Gleichgewicht

Yin und Yang und das Gesetz der Nachhaltigkeit

Das Gesetz der Nachhaltigkeit lebender Systeme besagt genau das, wobei Resilienz das Yin und Effizienz das Yang darstellt:

1. Beide sind für die Nachhaltigkeit eines Systems gleichermaßen wichtig. Ein lebendes System *muss* für beides sorgen. Ein Bär muss sich im Herbst sowohl für heute (Effizienz) als auch für den kommenden Winterschlaf (Resilienz) ernähren. In einer Familie muss man sich sowohl um das Heute als auch um das Morgen kümmern; wird eines von beiden vernachlässigt, führt das zur Katastrophe.

2. Effizienz und Resilienz stehen im Widerspruch zueinander. Ein Beispiel ist die Entscheidung, wie Sie Ihr Geld ausgeben: Geben Sie Ihr ganzes Geld heute aus oder legen Sie etwas für morgen zurück? Oder als Unternehmensleiter müssen Sie vielleicht entscheiden, ob Sie das Geld für einen Bonus jetzt ausgeben oder in die Entwicklung eines neuen Produkts investieren, das dem Unternehmen in Zukunft zugutekommen wird.

3. Die beiden sind voneinander abhängig. Ein Bär kann nicht aufhören, für heute zu fressen, und nur für morgen fressen. Manche bezeichnen diese Abhängigkeit als miteinander verflochten. Ein Unternehmen kann die Produktentwicklung nicht aus Gründen des kurzfristigen Gewinns einstellen, ohne sein längerfristiges Überleben zu gefährden. Mit anderen Worten: Man braucht Yin, um Yang zu haben, und Yang, um Yin zu haben.

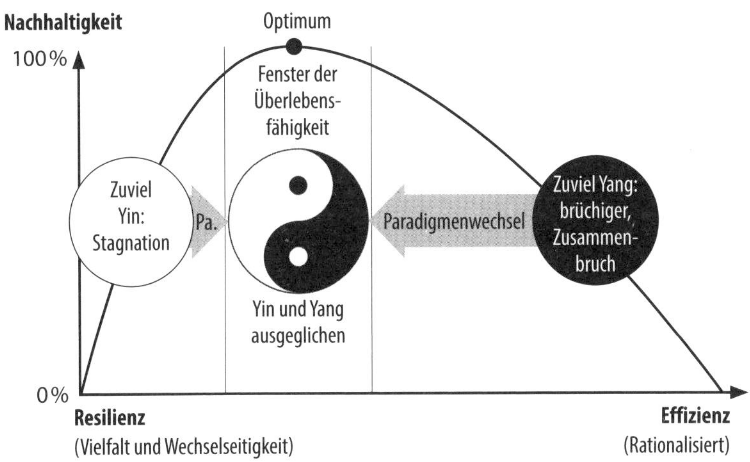

Abb. 6: Das Gesetz der Nachhaltigkeit bestätigt das Yin-Yang-Prinzip.

4. Resilienz und Effizienz halten sich gegenseitig die Waage. Im Idealfall ist das Gleichgewicht 50 : 50, aber wenn das Gleichgewicht nicht stimmt, dann hat das eine mehr als 50 % und das andere weniger als 50 %.

5. Es bedarf eines Gleichgewichts zwischen Yin (Resilienz) und Yang (Effizienz), um eine optimale Nachhaltigkeit für das lebende System zu erreichen. Zu starke Betonung der Resilienz (Yin) führt zu Stagnation. Eine zu starke Betonung der Effizienz macht das System zu brüchig und führt zu dessen Zusammenbruch.[11]

Dies ist die Wurzel unserer Probleme

Dies ist die Ursache für unsere heutigen Probleme in der Welt: Die meisten, wenn nicht alle lebenden Systeme, die wir nutzen, beeinflussen oder lenken, befinden sich nicht mehr im Gleichgewicht zwischen Effizienz und Resilienz. Stattdessen haben wir sie auf die rechte Seite der Nachhaltigkeitskurve gedrängt oder sie fallenlassen, indem wir nach Effizienz streben und dabei die Resilienz ignorieren – mit der Folge, dass die Nachhaltigkeit verlorengeht. Monokulturen sind ein Beispiel dafür: Monokulturen sind der Anbau einer einzigen Kulturpflanze auf einer bestimmten Fläche oder die Konzentration einer einzigen Art oder einer einzigen Form *einer* Sache in einem lebenden System.

Wir streben nach Monokulturen, um Effizienz zu erreichen, und ignorieren dabei das notwendige Gleichgewicht mit der Resilienz: in der Forstwirtschaft, in unserem Geldsystem, sogar in der Mode (Modeketten bieten überall das gleiche Modell an, sehr langweilig für Modebewusste, aber effizient für den Einkauf) – wohin wir auch schauen.

Hey, gibt es hier irgendetwas Neues?

Nein. Intuitiv verstehen Sie und ich bereits die Notwendigkeit eines Gleichgewichts. Sie wissen, dass Sie ein gebrauchtes Auto zu einem guten Preis verkaufen können, wenn Sie es in einem guten Zustand halten (Resilienz) und gleichzeitig effizient fahren.

Und ja. Die Menschheit ignoriert dieses Gesetz und verhält sich oft so, als würde es nicht gelten. Zwei Beispiele:

- Im Geldsystem geben wir Geld aus und leihen es uns, als gäbe es kein Risiko in der Zukunft. Wir haben das Prinzip: »Jetzt genießen – später bezahlen«, übernommen, sogar bis zu dem Grad, dass sich unsere Länder für uns verschulden; das sind Schulden, die unsere Kinder und Enkelkinder zurückzahlen müssen.

- Im Tourismus ist das Billigfliegen zu einem Teil des Lebensstils der Reisenden geworden. Im Jahr 2015 flogen die Schweizer Bürgerinnen und Bürger beispielsweise 9.000 Kilometer pro Person und Jahr, was einem Anstieg von 57 % gegenüber 2010 entspricht. Etwa 80 % dieser Reisen gingen in den Urlaub. In der Schweiz ist der Flugverkehr für 18 % der vom Menschen verursachten Klimabelastung verantwortlich. Jeder weiß, dass das Fliegen eine große Belastung für die Umwelt darstellt. Trotzdem machen wir weiter und finden oft nur bequeme Ausreden dafür.[12]

Einige Beispiele aus der Praxis

Werfen wir einen Blick auf einige Beispiele aus der Praxis, die zeigen, wie wir lebende Systeme voranbringen und einen Paradigmenwechsel hin zu mehr Ausgewogenheit vollziehen können – für uns selbst und für die Welt. Genauer gesagt, werden wir uns Beispiele für Paradigmen ansehen, die wir hinter uns lassen müssen, um der Welt Gleichgewicht und Nachhaltigkeit zu bringen.

Beispiel 1: Verlagerung hin zu mehr Mischwäldern[13]

Unser Ansatz zur Bewirtschaftung der Wälder ist ein gutes Beispiel dafür, wie Monokulturen die Effizienz überbetonen und wie die Minimierung von Monokulturen ein lebendes System ins Gleichgewicht und damit in Richtung Nachhaltigkeit bringt.

Das Paradigma, das wir hinter uns lassen sollten: Kurzsichtiger Fokus auf Effizienz

In Portugal wurden in der Vergangenheit bei der Wiederaufforstung von aufgegebenen landwirtschaftlichen Flächen oder abgebrannten Waldgebieten bevorzugt Monokulturen gepflanzt: in der Regel Kiefern oder Eukalyptusbäume. Beide wachsen schnell und liefern Rohstoffe für die lokale Papierindustrie. Sogar die Europäische Union subventionierte diesen Ansatz.

Kiefern fangen jedoch schnell Feuer; und Eukalyptusbäume, die ursprünglich aus Australien stammen, sind ein starker Brandbeschleuniger. Ihre Rinde hat einen hohen Harzgehalt, so dass diese Bäume sofort Feuer fangen. Sie explodieren förmlich, und die brennenden Rindenstücke fliegen Hunderte von Metern weit und setzen das nächste Waldstück in Brand.

Für die Aufforstung in Monokulturen zahlte Portugal einen hohen Preis. Große Waldflächen brannten ab und viele Menschen starben oder wurden verletzt. Letztlich opferte die Monokultur die Resilienz zugunsten der Effizienz, und das System geriet aus dem Gleichgewicht.

Abb. 7: Der Preis der Eukalyptus-Monokultur (Portugal)

Ausgleich zwischen Effizienz und Resilienz: Zurück zu Mischwäldern

Jetzt ist Portugal zu einer Strategie der Mischwälder mit einheimischen Baumarten zurückgekehrt. Außerdem werden Sträucher und Büsche gepflanzt, die das Austrocknen des Waldbodens in Dürreperioden verhindern.

Durch die Umstellung auf Mischwälder wird die Nachhaltigkeit ihrer Waldsysteme vorangetrieben, auch wenn dieses Projekt eine ganze Generation in Anspruch nehmen wird.

Gummibaumplantagen

Gummibaumplantagen sind aus Gründen der Effizienz in der Regel Monokulturen. Die Natur verabscheut Monokulturen und unternimmt alles, um sie wieder auf ein hohes Maß an Nachhaltigkeit zu bringen, indem sie sie mit Insekten und Pilzen verschiedener Art angreift. Im Gegenzug versuchen wir, mit Chemikalien zurückzuschlagen, um diese Wälder auf der Effizienzseite zu halten.

Dieses Zitat aus *Advances in Chemicals*[14] zeigt, wie Chemikalien eingesetzt werden, um die Produktion von Monokulturen auf Kautschukplantagen aufrechtzuerhalten: »Die Zukunft des Naturkautschuks ist sehr vielversprechend, da er auf den europäischen Märkten wichtiger ist als synthetischer Kautschuk und mehr als die Hälfte des Weltbedarfs deckt, trotz der Subventionen für synthetischen Kautschuk. Allerdings sind Kautschukbäume anfällig für eine Reihe von Krankheiten. Mehltau ist die schwerwiegendste Blattkrankheit in Afrika und im Fernen Osten, die jedoch mit Schwefelstäuben wirksam bekämpft werden kann. Die südamerikanische Blattfäule wird durch Besprühen mit Dithan bekämpft. Die Phytophthora-Blattfäule nimmt zu, wird aber mit Dithane und Vancide bekämpft. Die ebenfalls durch Phytophthora verursachte Tapping-Panel-Krankheit nimmt zu, obwohl sich Orthocide und andere Behandlungen als wirksam erweisen.«

Aber welchen Schaden verursachen diese Chemikalien letztendlich für unsere Umwelt und damit auch für den Menschen? Leider werden wir die vollen Auswirkungen wohl noch lange nicht kennen.

Gummibäume stammen ursprünglich aus Brasilien. In den 1800er Jahren war es illegal, Kautschukbäume oder -samen zu exportieren, aber sie wurden trotzdem hinausgeschmuggelt. Sie wurden für die Anlage von Kautschukplantagen in Asien und anderen Teilen der Welt verwendet. In ihrer ursprünglichen Umgebung wuchsen die Kautschukbäume verstreut in einem Mischwald. Wenn ein Baum erkrankte, war es weniger wahrscheinlich, dass er einen anderen, in einiger Entfernung wachsenden Baum infizierte. Als jedoch in Süd- und Südostasien Kautschukplantagen angelegt wurden, in denen Kautschuk-

Abb. 8: Nur Gummibäume – sonst nichts

bäume in Reih und Glied standen, wurden diese Bäume immer anfälliger für Krankheiten. In vielerlei Hinsicht ist dies eine angekündigte Katastrophe, die nur darauf wartet, zu passieren, ähnlich wie die Kartoffelknappheit in Irland in den 1840er Jahren zu einer Katastrophe führte, zu Massenhunger, Krankheiten und Auswanderung, wobei sich die Kartoffelfäule rasch von Pflanze zu Pflanze ausbreitete. In den Kautschukplantagen stellt eine als Weißwurzelfäule bekannte Krankheit, die erstmals 1904 in Singapur festgestellt wurde, die größte Bedrohung für die weltweite Versorgung mit Kautschuk dar. In Wikipedia heißt es: »Die Weißwurzelfäule ist heute die bedrohlichste Wurzelkrankheit des Kautschukbaums sowohl in Asien als auch in Afrika, die 98 % des Naturkautschuks für den Weltmarkt liefern. Allein in Indonesien beträgt die betroffene Fläche mehr als 80.000 Hektar. Insgesamt liegen 5 bis 10 % der Anbauflächen aufgrund dieser tödlichen Krankheit brach.«[15]

Hin zu einer Mischkultur

Im Hinblick auf Effizienz – niedrige Pflege- und Erntekosten – sind Monokulturen zweifellos die beste Lösung.

An diesen Beispielen sehen wir jedoch, dass Monokulturen gegen das Gesetz der Nachhaltigkeit verstoßen. Getrieben von der alleinigen Ausrichtung auf Effizienz schwächen sie die Resilienz und treiben so ihre Systeme in den Zusammenbruch.

Bisher haben wir uns mit lebenden Systemen in der Natur beschäftigt (Wälder und andere Plantagen sind natürlich lebende Systeme). Betrachten wir nun – in einem anderen Beispiel – ein vom Menschen geschaffenes System: unser Geld. Wie Sie sehen werden, gilt das gleiche Gesetz: Unser konventionelles Geldsystem ist eine Monokultur und daher per Definition instabil.

Beispiel 2: Auf dem Weg zu einem dualen Währungssystem

Das heutige Geldsystem: Eine wichtige Triebkraft für Produktivität und Wohlstand[16]

Wir sollten dem herkömmlichen Geldsystem zugutehalten, dass es das Industriezeitalter hervorgebracht hat – mit seinen positiven und negativen Auswirkungen.

Geldexperten bezeichnen herkömmliches Geld als »Fiat-Geld« (in Anlehnung an den ersten Satz in der Bibel »fiat lux«, Licht aus dem Nichts). Es ist eine Währung, die an sich keinen inneren Wert hat, sondern ihren Wert dadurch erhält, dass eine Regierung ihren Wert aufrechterhält.

Es hat einen Quantensprung in der wissenschaftlichen Erkenntnis und die materiell produktivste Zivilisation in der Geschichte der Menschheit hervorgebracht. Es war auch ein außergewöhnlicher Mechanismus zur Schaffung von Wohlstand, und wir hoffen, dass es diese Rolle in einem sich entwickelnden monetären Ökosystem weiterhin spielen kann.

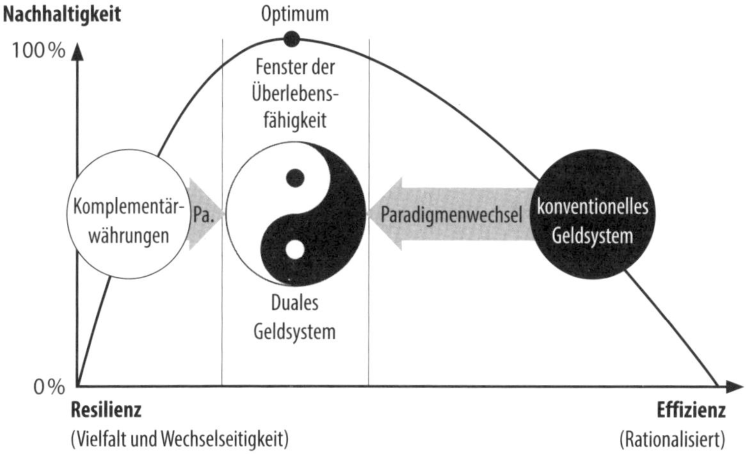

Abb. 10: Komplementärwährungen gleichen die Schwächen des konventionellen Geldsystems aus.

Jedoch monokulturell und effizienzorientiert

Es ist jedoch definitiv monokulturell und ein extrem effizienzorientiertes Yang-Konstrukt, dessen Zinsfunktion die Akkumulation und Konzentration von Reichtum in Form von Geld fördert und dessen notwendige Knappheit den Wettbewerb unter seinen Nutzern begünstigt. Hier sind einige seiner Auswirkungen, die dem Gesetz der Nachhaltigkeit zuwiderlaufen:

- Es verstärkt den Konjunkturzyklus von Boom und Bust, was für Unternehmen, Länder und sogar Banken selbst schädlich ist. Man denke nur an den Boom-and-Bust-Zyklus im Silicon Valley in den späten 1990er Jahren oder an das Finanzdesaster, das durch schlechte Kreditvergabestrategien der Finanzinstitute verursacht wurde und die weltweite Rezession von 2008 auslöste.

- Durch die gängige Praxis der Abzinsung* künftiger Kosten oder Erträge wird kurzfristiges Denken erzwungen. Dies war insbesondere in der weltweiten Rezession 2008 der Fall.

- Es erzwingt exponentielles Wachstum durch den Prozess des Zinseszinses – was in einer endlichen Welt per definitionem nicht tragbar ist.

- Es führt zu einer Konzentration des Reichtums, die dazu führt, dass die Mittelschicht weltweit verschwindet. Diese Konzentration verringert die Vielfalt und verursacht eine Vielzahl sozialer Probleme.

* Die **Abzinsung** (auch **Diskontierung**, engl. *discounting;* oft auch *Abdiskontierung* genannt) ist eine Rechenoperation aus der Finanzmathematik. Berechnet wird hierbei der Wert einer zukünftigen Zahlung. Häufig wird mittels Diskontierung der gegenwärtige Wert einer zukünftigen Zahlung ermittelt.

Diese Merkmale kennzeichnen unser konventionelles Währungssystem.

Das macht es »brüchig und leicht absturzgefährdet«, wie die vielen Banken- und Aktiencrashs der letzten Jahre zeigen.

Komplementäre Währungen[17] fördern die Resilienz des Geldsystems

Wann immer ein Monopol der Yang-Währung vorherrscht, werden die Yin-Funktionen tendenziell weniger anerkannt und gewürdigt, und es werden systematisch Ressourcen verknappt. Mit anderen Worten: Solche Geldsysteme führen dazu, dass mehr Geld für die Yang-Seite ausgegeben und die Ausgaben für die Yin-Seite reduziert werden.

Die Lösung zur Herstellung eines nachhaltigen Gleichgewichts in Währungssystemen, so betonte Bernard stets, liegt in – wie er es nannte – Komplementärwährungen. Dabei handelt es sich um Vereinbarungen innerhalb einer Gemeinschaft, etwas anderes als herkömmliche Währungen als Zahlungsmittel zu akzeptieren.

Er war streng, was die Verwendung des Begriffs »komplementär« anging: Nur Währungen, die darauf abzielen, die Resilienz oder die Yin-Funktionen eines Systems zu unterstützen, sollten so genannt werden, »komplementär« im Sinne von »etwas, das ausfüllt, vervollständigt, verbessert oder vervollkommnet«.[18] Dies ist insbesondere dann der Fall, wenn ein soziales Bedürfnis besteht, das herkömmliche Geldsystem aber nicht in der Lage ist, Geld zur Deckung dieses Bedürfnisses bereitzustellen – etwa in der Alten- oder Krankenpflege, Wohlfahrt im weitesten Sinne, Bildung und so weiter.

Solche Währungen…

- dämpfen die Konjunkturzyklen von Boom und Pleite und fördern die Nachhaltigkeit von Unternehmen, Ländern und sogar Banken.
- fördern längerfristiges Denken anstelle des kurzfristigen Denkens.
- sind zinslos und führen daher nicht zu exponentiellem Wachstum.
- gibt es ohne Zinsen oder erheben am besten Gebühren für die Aufbewahrung von Geld und erschweren so die Anhäufung von Geld zur Schaffung von Wohlstand.
- erschweren die Akkumulation von Bargeld, etwa durch eine »Liegegebühr« (siehe Kapitel: Die Sprache der neuen Paradigmen/Geldsystem).
- vermeiden die egozentrischen Effekte des »Money Priming«[19]

Kryptowährungen: Auf Effizienz ausgerichtete Yang-Währungen[20]

Kryptowährungen[21] – von denen Bitcoin wohl das bekannteste Beispiel ist[22] – sind digitale oder virtuelle Währungen, die Kryptografie und Blockchain-Technologie für die Sicherheit nutzen, um sichere Zahlungen von Online-Transaktionen zu ermöglichen.

Auch wenn ein wesentliches Merkmal solcher Kryptowährungen darin besteht, dass sie parallel zu konventionellem Geld verwendet und nicht von einer zentralen Behörde ausgegeben werden, was sie theoretisch immun gegen staatliche Eingriffe oder Manipulationen macht, sind sie von Natur aus auf Effizienz ausgerichtete Yang-Währungen. In diesem Sinne fügt die jüngste Ankündigung von Facebooks neuer Währung LIBRA den vielen anderen bereits existierenden Kryptowährungen eine Yang-fokussierte hinzu.

Wie Bernard Lietaer jedoch betonte, sind Kryptographie und Blockchain-Technologie sicherlich Grundlagen, auf denen Komplementärwährungen gut umgesetzt werden könnten.

Duale Währungssysteme

In einem dualen Währungssystem existieren sowohl das herkömmliche Währungssystem als auch eine oder mehrere Komplementärwährungen nebeneinander, wodurch den Schwächen des herkömmlichen Währungssystems entgegengewirkt wird.

Im Jahr 2019 gibt es mehr als 4.000 aktive lokale duale Währungssysteme, die Prototypen dessen sind, was sich im nächsten Jahrzehnt tatsächlich entwickeln wird.

Hier sind fünf Beispiele zur Veranschaulichung: WIR (Schweiz), Curitiba (Brasilien), LETS (weltweit), Ithaca HOURS (USA) und die berühmte Woergl-Geschichte.

Beispiel 1: WIR (Schweiz)

Der WIR wurde während der Finanzkrise in den 1930er Jahren geschaffen und ist eine wichtige Komplementärwährung in der Schweiz. Er hat sich zu einer Business-to-Business-Währung entwickelt, so dass ein duales Geldsystem entstand.

Die Erfolgsgeschichte des WIR beginnt in den düsteren Tagen der Weltwirtschaftskrise. Zwei Schweizer Geschäftsleute trafen sich mit zwölf oder mehr ihrer Geschäftspartner, um zu ent-

WIR Gemeinschaft. Mehrwert. Bank.

Abb. 11: Komplementärwährung: WIR-Bank, Schweiz

scheiden, was sie zur Bewältigung der Finanzkrise der 1930er Jahre tun könnten. Sie hatten von ihren Banken die Mitteilung erhalten, dass ihre Kreditlinien gekürzt oder gestrichen würden; sie standen also vor dem Konkurs. Also schufen sie ein gegenseitiges Kreditsystem und luden ihre Kunden und Lieferanten ein, sich anzuschließen.

Die Banken des Landes versuchten mit einer massiven Pressekampagne, diese revolutionäre Idee zu unterdrücken. Die Kampagne scheiterte, und das System rettete die beteiligten Unternehmen.

Der Wert des WIR ist identisch mit der Landeswährung (Schweizer Franken); es gibt jedoch einen wesentlichen Unterschied zwischen den beiden: Der WIR wird nicht verzinst.

Heute nutzen rund 16% der Schweizer Unternehmen den WIR, wobei derzeit ein Volumen von knapp 2 Milliarden Schweizer Franken im Umlauf ist.

Für die Schweizerische Nationalbank (SNB) sind die von der WIR geschaffenen Kredite keineswegs ein Störfaktor, sondern eine Unterstützung bei der Verfolgung ihrer geldpolitischen Ziele.[23]

Beispiel 2: Curitiba (Brasilien)[24]

Müll war ein großes Problem in Curitiba, der Hauptstadt des südöstlichen Bundesstaates Paraná, Brasilien. Die städtische Bevölkerung war von 120.000 im Jahr 1942 auf 2,3 Millionen im Jahr 1997 gewachsen. Viele der Einwohner lebten in Favelas, aus Pappe und Wellblech gebauten Slums. Die Müllabfuhr konnte nicht in diese Favelas fahren, da die Straßen nicht breit genug waren. Der Müll türmte sich, und Krankheiten brachen aus.

Jaime Lerner, der 1971 Bürgermeister von Curitiba wurde, verfügte nicht über die Mittel, um die üblichen Lösungen anzuwenden, etwa das Gebiet mit Bulldozern zu räumen oder neue

Abb. 12: Jaime Lerner, Bürgermeister von Curitiba, führte den Curitiba Token ein.

Straßen zu bauen. Anleiheemissionen, weitere Steuern oder staatliche Unterstützung waren keine Optionen. Es musste ein anderer Weg gefunden werden.

Dank des fruchtbaren Bodens und des tropischen Klimas im Südosten Brasiliens verfügte Curitiba über eine Fülle von Lebensmitteln. Außerdem gab es ein städtisches Bussystem, das nicht ausgelastet war, da sich viele Favela-Bewohner die öffentlichen Verkehrsmittel nicht leisten konnten. Bürgermeister Lerner machte sich diese lokalen Ressourcen zunutze, um die städtischen Probleme Curitibas zu lösen.

Große Metalltonnen wurden am Rande der Favelas aufgestellt. Jeder, der einen Sack mit vorsortiertem Müll einwarf, erhielt eine Busmünze. Diejenigen, die Papier und Kartons sammelten, erhielten Plastikchips, die sie gegen Pakete mit frischem Obst und Gemüse der Saison eintauschen konnten. Darüber hinaus wurden im Rahmen eines schulischen Müllsammelprogramms ärmere Schüler mit Schulheften versorgt.

Zehntausende von Kindern haben daraufhin die Stadtviertel sauber geputzt. Die Eltern nutzten die Busmünzen, um in die Stadt zu fahren, oft auch um Arbeit zu finden. Schon bald wurden die Busmünzen auf den örtlichen Märkten im Tausch gegen Lebensmittel akzeptiert. In einem Zeitraum von drei Jahren tauschten mehr als 100 Schulen 200 Tonnen Müll gegen 1,9 Millionen Schulhefte ein. Allein durch das Papierrecycling wurde das Äquivalent von 1.200 Bäumen eingespart – jeden Tag!

Schließlich nahmen mehr als 70 % der Haushalte in Curitiba an den Programmen teil. Allein die 62 ärmeren Stadtteile tauschten 11.000 Tonnen Müll gegen fast eine Million Busmünzen und 1.200 Tonnen Lebensmittel ein. Andere Programme dienten der Finanzierung der Restaurierung historischer Gebäude, der Schaffung von Grünflächen und der Bereitstellung von Wohnraum – alles mit Methoden, die die Stadtverwaltung wenig oder gar nicht finanziell belasteten.

Die vielen Initiativen – Umweltsanierung, Stadtsanierung, Schaffung von Arbeitsplätzen, Verbesserung des Bildungswesens, Bekämpfung von Krankheiten, Verhinderung von Hunger – wurden alle in Angriff genommen, ohne Steuern zu erhöhen, Wohlstand umzuverteilen, Anleihen auszugeben, sich auf Wohltätigkeit zu verlassen oder Darlehen von der Bundesregierung oder Organisationen wie der Weltbank und der Internationalen Währungsfonds (IWF) in Anspruch zu nehmen. Die Verbesserungen haben niemanden belastet. Alle haben davon profitiert.

Die Ergebnisse in rein wirtschaftlicher Hinsicht sind bemerkenswert. Von 1975 bis 1995 stieg das Bruttoinlandsprodukt (BIP) von Curitiba um durchschnittlich 75 % mehr als das des Bundesstaates Paraná und um 48 % mehr als das BIP von Brasilien insgesamt. Der durchschnittliche Curitibaner verdiente mehr als das Dreifache des Mindestlohns des Landes. Berücksichtigt man nicht-traditionelle monetäre Gewinne, wie den Tausch von Müll gegen Lebensmittel, so lag das reale Gesamteinkommen der Einwohner sogar um mindestens 30 % höher. Die Ergebnisse im Hinblick auf die Lebensqualität – die Erneuerung der Würde und die Hoffnung auf eine bessere Zukunft – lassen sich nur erahnen.

Curitiba entdeckte einen Weg, um nicht gedeckte Bedürfnisse mit ungenutzten Ressourcen in Übereinstimmung zu bringen. Dies geschah durch den Einsatz von *Komplementärwährungen* und monetären Initiativen, die das nationale Währungssystem nicht ersetzten, sondern ergänzten. Dieser innovative Ansatz brachte dringend benötigte Verbesserungen für die lokale Wirtschaft. Er ermöglichte es einer sich entwickelnden und ehemals verarmten Stadt, sich selbst zu ermächtigen und die Bedingungen in der bemerkenswerten Zeitspanne von nur einer Generation erheblich zu verbessern.

Beispiel 3: LETS[25]

Das heute weltweit am weitesten verbreitete duale Geldsystem ist LETS, ein Akronym für Local Exchange Trading System. Es wurde Anfang der 1980er Jahre in Courtney, Kanada, erfunden, als in dieser Stadt eine Arbeitslosenquote von 40 % herrschte.

Es gab viel zu tun, und es gab viele qualifizierte Arbeitskräfte, die arbeiten wollten und mussten. Das fehlende Glied war das Geld. Daher wurde LETS gegründet, um den dringend benötigten Handel in den Kreisläufen der lokalen Nachbarschaften, in den Dörfern und Städten zu ermöglichen.

LETS ist ein Beispiel für ein gegenseitiges Kreditsystem, bei dem die Währung bei einer Transaktion durch gleichzeitige

ADELAIDE
LETS
Local Exchange Trading System

Abb. 13: Komplementärwährung: ADELAIDE LETS (Australien)

Gutschrift und Abbuchung geschaffen wird. Es ist heute in vielen Teilen der Welt in Betrieb, darunter in Österreich, Australien, Belgien, Brasilien, Kanada, Chile, Kolumbien, El Salvador, Finnland, Frankreich, Deutschland, Ungarn, Indien, Indonesien, Irland, Israel, Japan, Neuseeland, Nigeria, Norwegen, Polen, Südafrika, Schweiz, Thailand und den Vereinigten Staaten.

In Australien gibt es viele Gemeinden, in denen aktiv mit LETS gehandelt wird. ADELAIDE LETS[26] zum Beispiel ist ein gemeinnütziges kommunales Tauschsystem, das es seinen Mitgliedern ermöglicht, Waren und Dienstleistungen zu tauschen, ohne dass ein direkter Tauschhandel oder Geld erforderlich ist.

Beispiel 4: Ithaca HOURS[27]

Die Ithaca HOURS wurden 1991 in Ithaca, New York, eingeführt, wobei jede HOUR-Note den Gegenwert von 10 US-Dollar hat. Unternehmen, die HOURS erhalten, müssen diese für lokale Waren und Dienstleistungen ausgeben und so die lokale Wirtschaft fördern.

Im Juli 2015 hat ein neues Unternehmen namens Ithacash diese Komplementärwährung von der auf Stundenscheinen basierenden Methode auf den Ithaca-Dollar in digitaler Form umgestellt.

Zum Start haben sich bereits über 100 lokale Unternehmen angemeldet, von denen einige bereits Zahlungen per Textnachricht akzeptieren.[28]

Beispiel 5: Die Woergl-Geschichte

Wörgl ist eine kleine Gemeinde in Österreich, die an der Bahnlinie zwischen Innsbruck und München liegt. Im Jahr 1931 waren etwa 30 Prozent der Arbeitskräfte arbeitslos, 200 Familien waren völlig mittellos.

Abb. 14: Rosa und Michael Unterguggenberger

Der Bürgermeister Michael Unterguggenberger und seine Frau Rosa fanden eine Lösung. Sie beschlossen, Arbeitsbescheinigungen auszustellen, die einfach als »das Woergl« bekannt wurden.

Diese Komplementärwährung sollte ausschließlich als Tauschmittel dienen.

Das Liegegeld[29] wurde durch einen monatlich angebrachten Stempel in Höhe von 1 % des Nennwerts erhoben.

Wie alle anderen Abgaben dieser Art diente auch diese als Anreiz, das Geld im Umlauf zu halten. Jeder, der mit Woergl bezahlt wurde, achtete darauf, dass er es schnell ausgab, bevor das Datum der Marke ablief. (Auch die Steuern wurden eifrig bezahlt, manchmal sogar im Voraus.)

Veronika Spielbichler, Kustodin des Unterguggenberger Instituts, Wörgl, erzählte uns:

Vollbeschäftigung als Folge dieser »Arbeitswertwährung« ist ein berühmter Mythos des Woergl-Programms, der nicht wirklich stimmt. Tatsächlich gab es in Wörgl zu Beginn 400 Arbeitslose, von denen 100 durch das Programm eine Arbeit fanden. So sank die Arbeitslosenquote in Wörgl in den 13,5 Monaten, in denen das Programm lief, um 16 %. Im gleichen Zeitraum stieg die Arbeitslosenquote in Österreich um 19 %, so dass das Programm für Wörgler eine deutliche Trendumkehr bewirkte.

Das Programm verschaffte nicht nur den Arbeitnehmern ein Einkommen: Die Einnahmen der Gemeinde aus dem Programm wurden auch zur Finanzierung kostenloser Mahlzeiten für Arbeitslose verwendet.

Der Erfolg dieser Währung sprach sich wie ein Lauffeuer herum. Der französische Premierminister a.D. Edouard Daladier stattete sogar einen Sonderbesuch ab, um sich selbst vom Wunder

Abb. 15: Komplementärwährung: Der Woergl Schilling

von Wörgl zu überzeugen. Bald wollten auch mehr als 200 andere Städte und Gemeinden in Österreich dieses System nutzen.

Das passte der Österreichischen Nationalbank nun gar nicht, und sie veranlasste das Freigeld-Verbot auf dem Behördenweg. Unterguggenberger ging dagegen vor Gericht, unterlag jedoch am Ende vor dem Verwaltungsgerichtshof.

Und jetzt sind Sie dran

In diesem Kapitel ging es darum, Ihnen den ersten Paradigmenwechsel vor Augen zu führen, den wir vollziehen müssen: Wir müssen unsere Sichtweise, wie die Welt funktioniert, von der linearen Logik des Aristoteles auf die Sichtweise des Tao umstellen. Wir haben das Gesetz der Nachhaltigkeit erläutert und mit zwei Beispielen illustriert: Plantagen und unser Geldsystem.

Jetzt sind Sie an der Reihe. Wie Bernard Lietaer in seinem Brief an Sie, liebe Leserin, lieber Leser, sagte: Er fordert Sie auf, aufzustehen, sich zu bewegen und durch diesen Paradigmenwechsel zu gehen. Gehen Sie!

Sie sind nicht hilflos, Sie sind kein Opfer. Stattdessen können Sie etwas bewirken und dazu beitragen, dass unsere Welt zu einem besseren Gleichgewicht zwischen Effizienz und Resilienz gelangt. Hier sind einige Schritte, die Sie unternehmen können, um die Welt bei diesem wichtigen Paradigmenwechsel zu unterstützen.

Erstens, als Einzelperson

Es reicht nicht aus, zu erkennen, dass unsere Welt in vielen lebenden Systemen aus dem Gleichgewicht geraten ist, und sich darüber zu beklagen.

Stattdessen müssen Sie den erforderlichen Paradigmenwechsel selbst vollziehen, sich bewegen und Vorbild sein. Sie müssen aufhören, sich ausschließlich auf die Effizienz zu konzentrieren, etwa auf die Suche nach dem niedrigsten Preis oder dem höchsten und schnellsten Gewinn.

Wenn Sie das selbst tun, haben Sie die Erfahrung gesammelt, die Sie brauchen, um andere dabei zu unterstützen, vielleicht sogar anzuleiten, ein Gleichgewicht zwischen Effizienz und Belastbarkeit in unseren Systemen herzustellen.

Letztendlich, so hoffen wir, führt dies zu einer kritischen Masse, die dies übernehmen und die Welt und ihre lebenden Systeme ins Gleichgewicht bringen wird. Zum Beispiel:

- Erkennen Sie, wie sehr Ihr persönliches Verhalten derzeit auf Effizienz ausgerichtet ist: »Sonderrabatt!« »Superangebot!« Geben Sie diesen Fokus nicht auf – aber gleichen Sie ihn durch einen persönlicheren Fokus auf Belastbarkeit aus: »Fahrrad oder Auto?« »Neues Auto oder das alte länger fahren?«

- Wenn Sie zur Wahl gehen (falls Ihre Gesellschaft Ihnen diesen Luxus bietet), wählen Sie Politiker oder Parteien, die tatsächlich Projekte durchführen, die ein Gleichgewicht zwischen Belastbarkeit und Effizienz herstellen. Gemeinden, die ihr Eigentum verkaufen (ein anderes Wort mit derselben Bedeutung ist »outsourcen«), konzentrieren sich auf Effizienz; Gemeinden, die ihr Eigentum nutzen, um einen Mehrwert für die Bürger zu schaffen, konzentrieren sich auf Resilienz. Wählen Sie Regierungen, die sich für ein ausgewogenes Verhältnis von Resilienz und Effizienz in Ihrem Land oder Bezirk einsetzen – nicht nur mit schönen Worten, sondern mit konkreten Projekten – wie etwa das Verbot von Waldmonokulturen oder die Förderung von Komplementärwährungen.

- Hören Sie in Ihrem Garten (wenn Sie in dem Luxus leben, einen zu haben) mit der Monokultur von Rasen auf. Die Natur wird versuchen, ihn mit anderen Kräutern wieder zu beleben, und das Wachstum in Form von vielen verschiedenen Pflanzen, Insekten, Vögeln und so weiter wird folgen. Wenn Sie sich nicht an das Gesetz der Nachhaltigkeit halten, könnten Sie sich dabei ertappen, wie Sie mit Unkrautvernichtungsmitteln zurückschlagen. Tun Sie das nicht.

- In Ihrem Privatleben und in der Organisation, für die Sie arbeiten: Stoßen Sie Vorzeigeprojekte an, die auf ein Gleichgewicht zwischen Belastbarkeit und Effizienz ausgerichtet sind, und bringen Sie sie zum Erfolg.

Zweitens, als Führungspersönlichkeiten…

…von Gemeinden, Unternehmen, Regierungen: Hört auf zu reden, fangt an zu führen.

- Erkennen Sie, wie Sie indoktriniert werden, mit dem Schwerpunkt auf Effizienz zu führen: »Kosten senken!« »Produktivität verbessern!«

- Machen Sie die Nachhaltigkeit der Organisationen/Systeme, die Sie besitzen oder leiten, zum obersten und wichtigsten Ziel, das alle Ihre Handlungen und Entscheidungen beeinflusst. Wir sind uns dessen bewusst, dass Sie als Führungskräfte von öffentlichen Unternehmen fast ausschließlich von kurzfristigen Zielen getrieben werden, um die Aktienkurse hochzuhalten. Mit Blick auf das Gesetz der Nachhaltigkeit bedeutet dies, dass der Schwerpunkt auf die Effizienz Ihres Unternehmens gelegt wird, was zu Lasten seiner Resilienz geht. Wir alle wissen instinktiv, dass es für ein Unternehmen tödlich ist, die Notwendigkeit einer längerfristigen Nachhaltigkeit zu ignorieren. In der Managementpraxis brauchen Sie als Unternehmensleiter sowohl einen kurzfristigen als auch einen längerfristigen Geschäftsplan – der eine ist auf kurzfristige Ergebnisse ausgerichtet, der andere auf die Resilienz oder das längerfristige Überleben Ihres Unternehmens. Die Herausforderung besteht darin, der Versuchung zu widerstehen, die längerfristige Nachhaltigkeit für den kurzfristigen Erfolg zu opfern.

Jetzt ist es an der Zeit, die Organisation, die Sie leiten, für eine Vielzahl von Einzelprojekten zu öffnen, die auf ein besseres Gleichgewicht zwischen Effizienz und Vielfalt abzielen.

Ja, dies ist ein massiver Wandel

Das ist ein gewaltiger Paradigmenwechsel, das wissen wir. Auf den ersten Blick mag er einfach erscheinen. Aber das ist er nicht. Er verlangt von uns, eine tief in unsere Welt eingeprägte Ausrichtung rückgängig zu machen: die Konzentration auf den schnellen Profit.

Viele Menschen haben diese Notwendigkeit bereits erkannt und in ihren Büchern beschrieben, wie man die erforderlichen Veränderungen erreichen kann.

Für Komplementärwährungen bietet beispielsweise das Buch Creating Wealth – *Growing Local Economies with Local Currencies* von Gwendolyn Hallsmith und Bernard Lietaer[30] eine breite Palette von Beispielen und Vorschlägen, wie konventionelle durch Komplementärwährungen ergänzt werden können.

Kommen wir nun zum nächsten Paradigmenwechsel, der vielleicht noch schwieriger zu erreichen ist, weil er bedeutet, dass wir uns von kulturellen Werten verabschieden müssen, denen wir seit Hunderten von Jahren gefolgt sind.

Paradigmenwechsel 2: Hin zu einem besseren Gleichgewicht zwischen matrifokal und patrifokal

In unserem täglichen Leben leben wir in einer patrifokalen Gesellschaft. Das ist eine Welt, in der unsere Arbeitsplätze in den Unternehmen, unsere Politik und unsere Mainstream-Religionen hauptsächlich auf männlichen Werten beruhen: Herrschaft, Hierarchie und Kontrolle.

LotusStudy.com/20082

Definition nachhaltiger Gesellschaften

Eine nachhaltige Gesellschaft befriedigt ihre Bedürfnisse, ohne die Perspektiven künftiger Generationen einzuschränken.[31]

Unsere Werte bestimmen die Nachhaltigkeit unserer Gesellschaft

Die Werte, die wir hochhalten und nach denen wir entscheiden, welche Maßnahmen wir ergreifen, bestimmen die Nachhaltigkeit unserer Gesellschaften. Einige Werte konzentrieren sich mehr auf die Effizienz unserer Gesellschaften, andere auf ihre Resilienz.

Fokus auf Effizienz und Resilienz unserer Gesellschaften

Um nachhaltig zu sein, muss sich eine Gesellschaft auf beides konzentrieren. Bernard nannte sie »matrifokal« (auf die Resilienz einer Gesellschaft ausgerichtet) und »patrifokal« (auf ihre Effizienz ausgerichtet). Diese Begriffe mögen ein wenig ungewöhnlich oder seltsam erscheinen, aber Bernard konnte keine anderen Begriffe finden, die klar genug waren, um ihre Bedeutung zu vermitteln:

Es muss ein Fokus auf den patrifokalen Werten der Effizienz einer Gesellschaft liegen, etwa der klugen Nutzung der Ressourcen einer Gesellschaft oder der Bewältigung drohender Gefahren wie eines Angriffs aus einer feindlichen Gesellschaft oder der Auswirkungen der Klimaveränderungen.

Aber natürlich müssen sich alle Gesellschaften auch auf matrifokale Werte ausrichten – andernfalls gäbe es keine lebenswichtigen matrifokalen Funktionen wie die Erziehung und Bildung von Kindern, die Pflege älterer Menschen oder gemeinschaftliche und ehrenamtliche Tätigkeiten. Eine Gesellschaft, in der es keine mütterlichen Werte gibt, würde daher bald zusammenbrechen.

> Die Menschen der Antike sahen ihre Welt in zwei Hälften – männlich und weiblich. Ihre Götter und Göttinnen sorgten für ein Gleichgewicht der Kräfte. Yin und Yang. Wenn männlich und weiblich im Gleichgewicht waren, herrschte Harmonie in der Welt. Wenn sie nicht im Gleichgewicht waren, herrschte Chaos.
>
> Dan Brown, *Der Da Vinci Code*

Patrifokale und matrifokale Werte – sowohl bei Frauen als auch bei Männern

Wenn Sie eine Notaufnahme besuchen, werden Sie Menschen in sehr schlechtem Zustand sehen. Jeder Patient hat Verletzungen, gebrochene Arme und Beine, Blut im Gesicht, manche schluchzen, manche weinen. Und Sie werden Krankenschwestern und -pfleger treffen. Weibliche und männliche. Sie haben einen der härtesten Jobs der Welt. An schlechten Tagen bringen die Krankenwagen jede Minute einen neuen Patienten herein.

Wenn Sie diese Krankenschwestern und -pfleger bei ihrer Arbeit genau beobachten, werden Sie sehr, sehr demütig. Sie werden sehen, wie sie den Patienten helfen, sie beruhigen und unterstützen, sich um sie kümmern – liebevoll, ja – bis die Ärzte Zeit für sie haben. Sehen Sie, wie sie sich wirklich um sie kümmern, fast so wie Mütter sich um ihre Babys kümmern. Männer und Frauen – es gibt keinen Unterschied in der Art und Weise, wie gute Krankenschwestern und Krankenpfleger ihre Arbeit verrichten. Beide zeigen dieses Verhalten, leben diese Werte: Sie kümmern sich wie Mütter.

Gleichzeitig erfüllen diese Pfleger ihre Aufgaben unermüdlich und mit großem Augenmerk auf ihre Effizienz. Krankenschwestern und -pfleger sind also ein gutes Beispiel für das Gleichgewicht zwischen matrifokalen und patrifokalen Werten – ein Gleichgewicht zwischen Effizienz und Resilienz.

Jeder einzelne Mensch – ob Frau oder Mann – ist in der Lage, beide Wertesysteme zu leben, wie unser Beispiel aus der Pflege zeigt. Jeder Mensch findet und erlebt sein persönliches Gleichgewicht zwischen patrifokalen Werten (Fokus auf Effizienz und kurzfristige Ergebnisse) und matrifokalen Werten (Fokus auf Resilienz und längerfristige Ergebnisse).

Es ist die Mischung aus beidem, die die Werte einer einzelnen Person ausmacht.

Aus dem Gleichgewicht

In vielen unserer heutigen Gesellschaften – und oft auch in unseren persönlichen Werten – sind wir in patrifokalen Werten verwurzelt. Die Erziehung und unser soziales Umfeld lehren die Menschen, ihre mütterlichen Werte zu unterdrücken. Um diesen ausschließlichen Fokus zu betonen, neigen wir dazu, patrifokale Werte höher zu bewerten als matrifokale; und außerdem trainieren wir gleichzeitig Frauen, ihre matrifokalen Werte zu unterdrücken.
Beispiele zur Veranschaulichung:

- 28 Prozent der Frauen und 45 Prozent der Männer gaben in einer kürzlich durchgeführten Umfrage in Deutschland an, dass sie Frauen als weniger qualifiziert für Führungspositionen ansehen als Männer.[32]

- Viel zu häufig wird angenommen, dass Frauen, wenn sie gestresst sind, emotional werden und zusammenbrechen. Wenn Männer gestresst sind, bleiben sie dagegen ruhig und klar im Kopf. Wenn Sie einer dieser beiden Überzeugungen anhängen, werden Sie sich wahrscheinlich an Männer und nicht an Frauen wenden, wenn Sie unter Druck stehen und eine wichtige Entscheidung treffen müssen.[33]

- Die anhaltende patrifokale Betonung hat zu dem Ungleichgewicht geführt, das wir auch heute noch sehen: Konflikte, wohin man auch schaut – Kriege, Eindringen auf Land, das anderen gehört, und die Erklärung ganzer Gesellschaften zu Terroristen, um das Recht auf Invasion zu rechtfertigen.

- Oder in Wirtschaft und Politik sehen wir, wie sich die Dominanz patrifokaler Werte bei Einstellungen und Entlassungen, feindlichen Übernahmen, ungleicher Bezahlung von Frauen, die dieselbe Arbeit wie Männer verrichten, und sogar in Gesetzen widerspiegelt, die Gefängnisstrafen für die Beleidigung eines Führers vorsehen.

- In einigen patriarchalisch geprägten Gesellschaften ist es sogar offiziell erlaubt, die Widerstandsfähigkeit der Gesellschaft durch Mord, Diebstahl, Sklaverei und Vergewaltigung zu schwächen, indem solche Handlungen als Pflicht gegenüber der Gottheit erklärt werden.

- In den meisten Ländern und Unternehmen gibt es immer noch einen erheblichen Unterschied bei der Bezahlung von Frauen und Männern, die die gleiche Arbeit verrichten.

Nicht immer so

Das war nicht immer so. Bis etwa 1290 konnten Frauen in Europa beispielsweise jeden Beruf ausüben, Handel treiben, es gab keine Gesetze, die vorschrieben, wie sich Frauen zu kleiden hatten, und Frauen waren diejenigen, die lesen und schreiben konnten.

Plötzlich wurden Gesetze erlassen, die Frauen die Ausübung von Berufen und den Handel untersagten, die Kleidung von Frauen auf einfache Standards beschränkten und ihnen das Studium an Universitäten untersagten (übrigens bis Anfang 1900).

Der erforderliche Paradigmenwechsel: Stellen Sie sich eine nachhaltige Gesellschaft vor

Stellen Sie sich eine Welt vor, in der es keine Umweltverschmutzung gibt, eine Welt, in der die langfristigen Interessen der Menschheit und unseres Planeten die kurzfristigen Interessen von Unternehmen und Industrie überwiegen; in der bewusste Zusammenarbeit symbiotisch neben gesundem Wettbewerb existiert; in der die angemessene Erziehung und Bildung unserer Kinder und die Pflege unserer älteren Mitmenschen in gleichem Maße geschätzt und entlohnt wird wie andere für unsere Gesellschaft so wichtige Beschäftigungsformen.

Stellen Sie sich eine Welt vor, in der es für jeden Menschen eine sinnvolle Arbeit gibt, zusammen mit angemessener Zeit für unsere Familien, Gemeinschaften und persönlichen Beschäftigungen; eine Welt, die individuelles Wachstum ebenso fördert wie wirtschaftliches Wachstum; Gemeinschaft ebenso wie Produktivität; Erhaltung ebenso wie Konsum. Eine Welt, die unseren Geist und unsere Seele in gleichem Maße nährt wie unsere materiellen Bedürfnisse; eine Welt, die die Vielfalt allen Lebens und die lebensbejahenden Aspekte des vollen Menschseins in seinen vielfältigen Formen und Ausprägungen voll würdigt.

Das ist eine Welt, in der matrifokale und patrifokale Werte im Gleichgewicht sind. Und es ist an uns, sie zu erreichen.

Matrifokale und patrifokale Werte im Gleichgewicht

Stellen Sie sich im Wesentlichen eine Welt vor, in der matrifokale und patrifokale Werte im Gleichgewicht sind, in der die beiden Kräfte gleichberechtigt sind. In diesem Gleichgewicht erkennen wir, dass die matrifokale Energie eine andere Art von

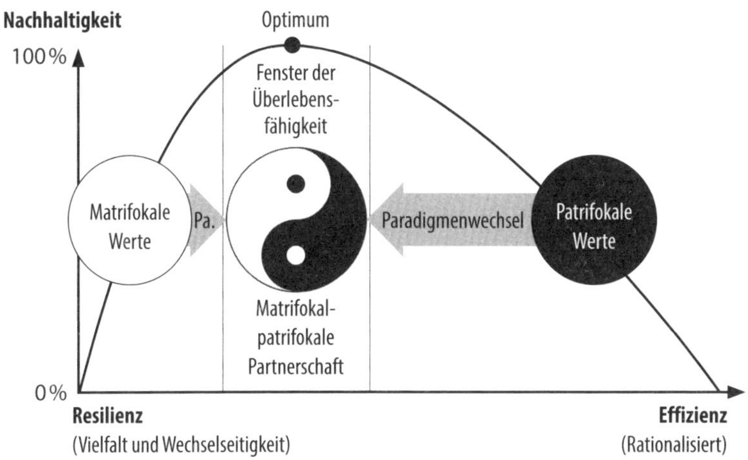

Abb. 16: Der Ausgleich von matrifokalen und patrifokalen Werten sichert die Nachhaltigkeit von Gesellschaften.

Energie ist, die genauso mächtig ist wie die patrifokale Energie und einen enormen Beitrag zur Nachhaltigkeit von uns selbst und unserer Gesellschaft leisten kann.

Bernard erzählte uns zum Beispiel, dass er bei seiner Arbeit mit Studenten an Universitäten persönlich die Erfahrung gemacht hat, dass Personen mit matrifokalen Werten eine andere Art der Problemanalyse und Lösungsfindung anwenden als patrifokal ausgerichtete Personen. Die Kombination von beidem führt zu Entscheidungen, die ein besseres Gleichgewicht zwischen Resilienz und Effizienz aufweisen.

Einige Fortschritte – mehr sind nötig

Tatsächlich machen wir als globale Gesellschaft in vielen Kulturen Fortschritte in Richtung dieses Paradigmenwechsels.

Vergleichen Sie die Situation unserer Großmütter in ihren Gesellschaften mit den Positionen, die unsere Töchter heute haben:

- Frauen sind heute viel besser ausgebildet, und in einigen Ländern ist die Mehrheit der Studenten weiblich – das erste Mal seit dem 13. Jahrhundert.
- Mehr Frauen sind jetzt in Führungspositionen – in der Politik, der öffentlichen Verwaltung und der Wirtschaft.

Diese Entwicklungen zeigen, dass wir beginnen, mehr und mehr matrifokale Werte zu leben, und dass der Paradigmenwechsel hin zu einer matrifokal-patrifokal ausgewogeneren Partnerschaft begonnen hat. Ein guter Anfang – aber es ist noch viel mehr nötig, um ein echtes Gleichgewicht zu erreichen.

Und jetzt sind Sie dran

In diesem Kapitel haben wir das enorme Ungleichgewicht zwischen matrifokalen und patrifokalen Werten fast überall in unserer Welt beschrieben. Dies müssen wir ändern, um die Nachhaltigkeit unserer Gesellschaften und der Menschheit zu gewährleisten.

Jetzt sind Sie an der Reihe. Wir fordern Sie auf, aufzustehen, sich zu bewegen und durch diesen Paradigmenwechsel voranzugehen. Gehen Sie.

Erstens, als Frau

- Finden Sie das Gleichgewicht zwischen Ihren matrifokalen und patrifokalen Werten in sich selbst.
- Fordern und vollziehen Sie ein Zusammenwirken Ihrer mütterlichen Werte mit der männlichen Ausrichtung.

Zweitens, als Mann

- Bringen Sie Ihre matrifokalen Werte zum Ausdruck und gleichen Sie sie mit Ihren patrifokalen Werten in sich selbst aus.
- Erkennen Sie Frauen mit ihren vorherrschend mütterlichen Werten als eigenständige Partnerinnen an. Akzeptieren Sie, dass sie Dinge anders empfinden und entscheiden und dass diese »andere Art«, sich auf Resilienz zu konzentrieren, einen erheblichen Mehrwert sowohl für die Nachhaltigkeit Ihrer Partnerschaften als auch für unsere Welt darstellt.

Drittens, als Führungspersönlichkeiten

- Übernehmen Sie die Verantwortung dafür, dass bei allem, was Sie leiten, ein Gleichgewicht zwischen matrifokalen und patrifokalen Werten herrscht.

***

Das ist der zweite Paradigmenwechsel, den Bernard Lietaer einfordert und den Sie durchlaufen und durch den Sie andere führen müssen. Lassen Sie uns nun den dritten Punkt angehen: wie und warum wir einen tiefgreifenden Paradigmenwechsel in der Art und Weise vollziehen müssen, wie wir private Informationen nutzen.

Paradigmenwechsel 3: Hin zu mehr persönlichem Eigentum an Informationen

> Dies ist wahre Freiheit, wenn frei geborene Männer, die die Öffentlichkeit beraten müssen, frei sprechen dürfen?
>
> Euripides, griechischer Philosoph, 484–406 v.Chr.

Dieser Paradigmenwechsel betrifft das menschliche Informationssystem, den Informationsfluss zwischen den Menschen, der für die Menschheit lebenswichtig ist. In diesem Fluss erzeugen, besitzen und teilen wir Informationen in unseren Gesellschaften.

Das menschliche Informationssystem

Private Informationen

Wir erzeugen Informationen als Individuen, und sie sind unser Eigentum. Wir entscheiden – und niemand sonst –, was wir als unsere privaten Informationen betrachten: die Fotos, die wir auf unserer letzten Reise nach Paris gemacht haben, die Bücher, die wir geschrieben haben, aber auch unser Geburtsdatum, unsere Postanschrift, unsere Kreditkartennummern, unsere Personalausweisnummern. Beachten Sie, dass es einen Unterschied zwischen persönlichen und privaten Informationen gibt. Persönliche Informationen sind Informationen über eine andere Person;

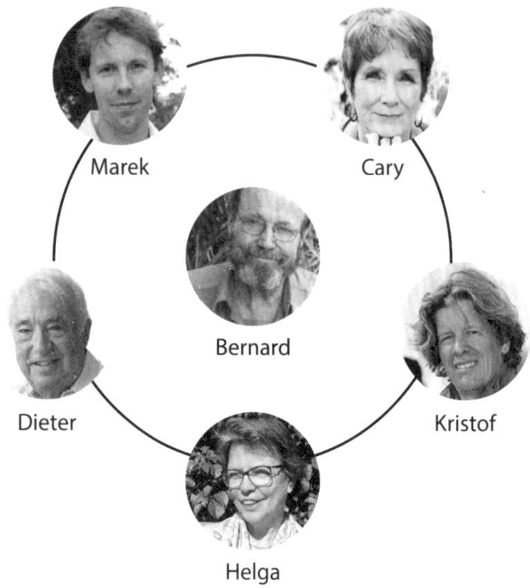

Abb. 17: Bernard Lietaers Informationskreis für das Verfassen dieses Buches

private Informationen sind das, was wir vor der Öffentlichkeit geheim halten wollen.

Flow ist die Weitergabe privater Informationen

Wenn wir nur Informationen zusammentragen, ohne sie mit anderen zu teilen, gibt es keinen Informationsfluss, und das menschliche Informationssystem kommt zum Stillstand.

Um zu teilen, tauschen wir vertrauliche Informationen mit unseren engen Freunden aus. Ein weiteres Beispiel wäre der Austausch von Informationen mit dem Team, das dieses Buch zusammengestellt hat. Diesem– unserem sozialen Kreis– gewähren wir also Zugang zu einigen unserer privaten Informationen.

Die Weitergabe von Informationen im Fluss bedeutet jedoch nicht, dass wir das Eigentum an diesen Informationen aufgeben.

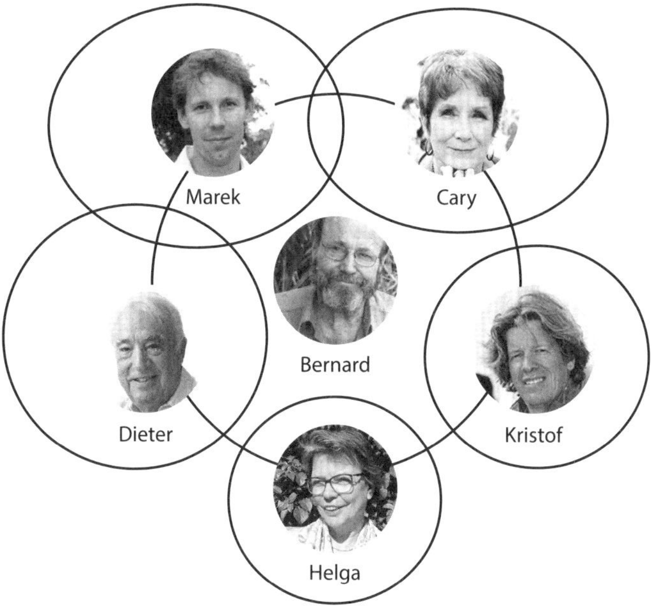

Abb. 18: Alle haben ihren eigenen Informationskreis.

Wenn wir z. B. unserer Bank Zugang zu unserer Mailadresse gewähren, kann sie diese Informationen verwenden – aber sie sind nicht ihr Eigentum.

Es ist unsere eigene Entscheidung, was wir weitergeben, wem wir Zugang gewähren und zu welchen Zwecken diese Daten verwendet werden dürfen.

Jeder hat seine eigenen Informationskreise

Jede Person hat ihre eigenen Informationskreise, in denen sie Informationen durch Teilen und Austauschen zum Fließen bringt. Einige dieser Kreise können sich überschneiden: Eine Person in unserem Kreis kann auch Mitglied des Informationskreises einer anderen Person sein.

In unserer Abbildung überschneiden sich z. B. die Kreise von Kristof und Helga nur mit denen von Bernard. Mareks Kreis hingegen überschneidet sich mit dem von Bernard, Cary und Dieter.

Die gemeinsame Nutzung bedeutet jedoch nicht, dass wir das Eigentum an unseren eigenen privaten Informationen aufgeben.

Im gleichen Sinne kann eine Gruppe von Menschen – etwa eine Institution – Informationen besitzen. Dabei kann es sich um eine juristische Person wie eine Körperschaft, einen Berufsverband wie eine Gruppe von Anwälten, eine Abteilung innerhalb eines größeren Unternehmens und dergleichen handeln. Das Prinzip ist dasselbe wie bei Einzelpersonen: Die Gruppe ist Eigentümerin der von ihr erstellten Informationen und entscheidet, was sie mit wem teilen will.

Unbeschränkter Informationsfluss unerlässlich

Ein ungehinderter Informationsfluss ist für lebende Systeme unerlässlich.

Um die Bedeutung eines ungehinderten Informationsflusses in menschlichen Gesellschaften zu unterstreichen, erkennt die Allgemeine Erklärung der Menschenrechte (AEMR) in Artikel 19 die Bedeutung der Freiheit, Informationen zu suchen, zu empfangen und weiterzugeben, als ein Menschenrecht an. Auch im Internationalen Pakt über bürgerliche und politische Rechte (ICCPR) wird dies als Menschenrecht anerkannt.[34]

Dezentrale Informationssysteme für uneingeschränkten Fluss

In den 1980er Jahren entwickelte Tim Berners-Lee an der Europäischen Organisation für Kernforschung (CERN) eine Methode zum Austausch von Dokumenten, die als Internet bezeichnet wurde und sich später zu dem entwickelte, was wir heute als

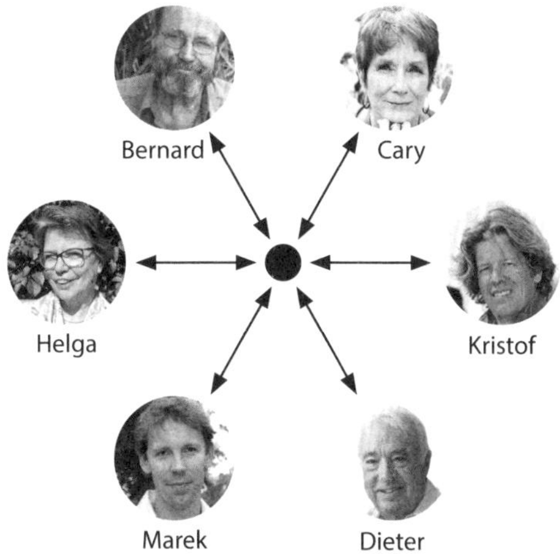

Heute: Zentralisiertes Informationssystem

Information wird von einer zentralen Einheit gespeichert und verwaltet.

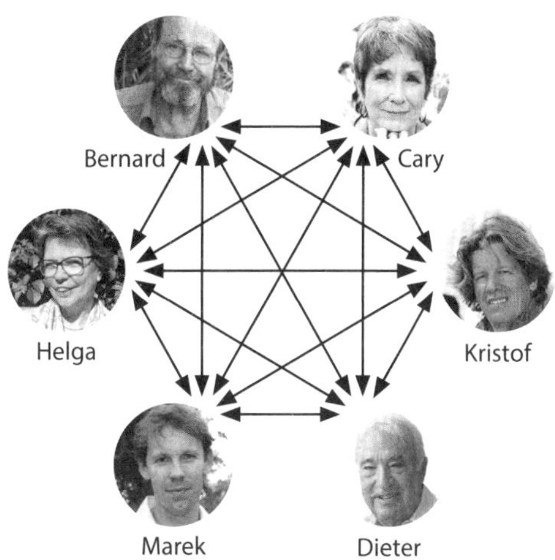

Neues Paradigma: Dezentralisiertes Informationssystem

Information wird zwischen dezentrale Einheiten gespeichert und verwaltet.

Abb. 19: Vom heutigen zentralisierten zu einem dezentralisierten Paradigma der Nachhaltigkeit des menschlichen Informationssystems

World Wide Web kennen. Sein Ziel war es, »Wissen zu verbinden« – ein ungehinderter Fluss von privaten Informationen. Ein kommerzieller Nutzen war nicht beabsichtigt.

Das Computersystem, das diese Einrichtung unterstützte, war dezentralisiert: Es war kein zentraler Computer erforderlich, um den Informationsfluss aufrechtzuerhalten. Alle Informationen waren urheberrechtlich geschützt, das heißt, sie befanden sich im Besitz von Einzelpersonen oder Gruppen.
Ein weiterer häufig verwendeter Begriff ist »verteilte Information«. Wir verwenden diesen Begriff, um zu beschreiben, wie Informationen in einem Computernetz gespeichert werden: Wenn die Informationen verteilt sind, befinden sich die gleichen Informationen bei jedem Benutzer. Wenn dies nicht der Fall ist, haben ein oder einige wenige Benutzer die Kontrolle darüber. Sowohl in zentralisierten als auch in dezentralisierten Informationssystemen können Informationen in verteilten oder nicht verteilten Anordnungen gespeichert sein.

Zentralisierte Informationssysteme: Private Informationen, gefiltert für Geld

Dann fanden die Unternehmen Wege, um mit dem menschlichen Informationssystem Geld zu verdienen. Zu diesem Zweck war es naheliegend, das unterstützende Informationssystem zu zentralisieren. Sie nahmen die privaten Informationen der Menschen aus ihrem Informationsfluss in Besitz und zentralisierten sie in großen Datenzentren.

Und nicht nur das: Um Informationen als »Suchergebnisse« weiterzugeben, filtern sie das heraus, was wir nicht sehen sollen, und verstärken das, was wir sehen sollen. Dies geschieht in großem Maßstab in unserem am häufigsten genutzten Kommunikationsmittel, dem Internet.

Visionen und Leitbilder solcher Unternehmen legen diese Absicht offen:

- Um den Zugang zu den Informationen der Welt zu ermöglichen, sie zu organisieren und allgemein zugänglich zu machen, muss man sich private Informationen aneignen; und
- der Nutzen von Informationen wird durch den Gewinn bestimmt, der sich aus der Weitergabe der Informationen an Nutzer ergibt.

Vision
Zugang zu den Informationen der Welt ermöglichen

Mission
1. Die Informationen der Welt organisieren,
2. sie überall verfügbar und
3. nutzbar machen.

Abb. 20: Vision und Mission eines zentralisierten Informationssystems

> Die persönlichsten Informationen über Ihre Online-Gewohnheiten werden gesammelt, gekauft und verkauft, oft sofort und unsichtbar. Das Sammeln von Daten ist ein Geschäft, das profitabel ist – auf Kosten der Verbraucher.
>
> Jackie Speier, amerikanische Politikerin

Begrenzung des menschlichen Informationssystems

Auf diese Weise schränkt das Web die Nachhaltigkeit des menschlichen Informationssystems tatsächlich ein.

In unserem Körper steuert unser Nervensystem den Informationsfluss. Ein Schlaganfall oder ein Hirninfarkt kann im schlimmsten Fall den Informationsfluss zu großen Bereichen unseres Körpers unterbrechen.

In Gesellschaften kann der Informationsfluss mit dem Nervensystem verglichen werden. Indem wir diesen Fluss behindern oder einschränken, verringern wir die Fähigkeit einer Gesellschaft, sich anzupassen, zu lernen oder, im Sinne des Gesetzes der Nachhaltigkeit: Wir verringern die Resilienz unseres sozialen Systems, indem wir seine Vielfalt und seine Verbindungen untereinander reduzieren.

Wenn also der Informationsfluss in lebenden Systemen behindert wird, werden sie brüchig und stürzen im schlimmsten Fall ab.

> Die Presse sollte den Regierten dienen, nicht den Regierenden.
>
> Hugo Black, Richter am Obersten Gerichtshof der Vereinigten Staaten, im Verfahren New York Times Co. gegen Vereinigte Staaten (1971)

Wie Tim Berners-Lee in einem Interview mit *Vanity Fair* am 1. Juli 2018 sagte:[35]

> Wir haben gezeigt, dass das Web gescheitert ist, anstatt der Menschheit zu dienen, wie es eigentlich hätte sein sollen, und dass es an vielen Stellen gescheitert ist... Die zunehmende Zentralisierung des Webs hat dazu geführt, dass – ohne dass die Menschen, die die Plattform entworfen haben, etwas dagegen unternommen haben – ein groß angelegtes emergentes Phänomen entstanden ist, das gegen den Menschen gerichtet ist.

Exponentiell invasiver

Ein Beispiel dafür ist das Privacy Project der *New York Times*. In einem kürzlich erschienenen Beitrag wird dargelegt, wie digitale Werbetreibende eine Vielzahl von Quellen nutzen, um eine riesige Menge an Daten über Einzelpersonen zu sammeln und diese gewinnbringend zu nutzen, indem sie ihre Werbung gezielter ausrichten können, ohne dass die Verbraucher ihre Zustimmung zur Verwendung dieser Informationen geben.[36] Die gesammelten Daten stammen nicht nur aus den üblichen Listen und demografischen Quellen, sondern auch aus der Art der Beiträge, die eine Person in den sozialen Medien veröffentlicht, aus dem Online-Suchverlauf, dem Kaufverhalten und mehr. Frederike Kaltheuner, Leiterin des Programms zur Nutzung von Daten durch Unternehmen bei Privacy International,[37] erklärt: »Es ist exponentiell invasiver geworden, und die meisten Menschen sind sich überhaupt nicht bewusst, welche Arten von Daten in das Targeting einfließen.« Wenn Sie einen Heimassistenten wie Amazons Alexa besitzen, können auch private Unterhaltungen ohne Ihr Wissen in dieses Targeting einbezogen werden.

Ein weiteres eklatantes Beispiel aus jüngster Zeit: Ein privates Unternehmen, das für den Nationalen Gesundheitsdienst des Vereinigten Königreichs tätig ist, wurde zu einer Geldstrafe verurteilt, weil es mehr als 30 Millionen Datensätze über frischgebackene Mütter und ihre Babys an Datenmakler und Marketingfirmen verkauft hat.[38]

Wen interessiert das?

Wir verlieren nicht nur das Eigentum an unseren eigenen Informationen an zentralisierende Organisationen, sondern seltsamerweise ist vielen Menschen dieser Verlust des Eigentums egal –

auch wenn sie sich bewusst sind, dass sie, wenn sie für etwas nicht bezahlen, nicht der Kunde sind, sondern das Produkt, das verkauft wird.

Wir glauben vielleicht, dass eine solche Enteignung und Zentralisierung privater Informationen als unabwendbare Tatsache anzusehen ist – wir wissen davon, fühlen uns aber ausgeliefert, sehen keine Alternative und erwähnen es daher einfach nicht oder ergreifen keine Maßnahmen, um es zu korrigieren.

Der erforderliche Paradigmenwechsel: Hin zu mehr persönlichem Eigentum an privaten Informationen

Das Gesetz der Nachhaltigkeit besagt, dass die Enteignung und Zentralisierung unser menschliches Informationssystem der Effizienz unterwirft und unsere Gesellschaft immer anfälliger für Instabilität und politische Krisen macht.

Wir brauchen einen deutlichen Paradigmenwechsel, um von diesem dramatischen Wandel in der Nutzung von Informationen durch Dritte wegzukommen. Wir müssen den Trend umkehren, um zu verhindern, dass wir einen hohen Preis für die Folgen einer Fortsetzung dieses falschen Weges zahlen. Das Bewusstsein für diese Notwendigkeit wächst.

Informationstechnologie und Behörden müssen ihre Kräfte bündeln

Der Übergang von der derzeitigen Zentralisierung von Informationssystemen zu einer dezentralen Struktur wird einen großen Paradigmenwechsel darstellen. Zwei Bereiche müssen ihre Kräfte bündeln, um diesen Wechsel herbeizuführen.

Die Informationstechnologie muss die Informationssysteme wirklich dezentralisieren und das Eigentum an allen privaten

Informationen an den einzelnen Nutzer abtreten. Die Regierungen müssen die Entwicklung der Informationstechnologie durch eine angemessene Gesetzgebung unterstützen.

Mit anderen Worten bedeutet dies, dass die Informationstechnologie eine wirklich dezentralisierte »Mein digitales Ich«-Identität bereitstellen muss, die es allen Menschen ermöglicht, ihre eigenen privaten Informationen zu definieren und zu entscheiden, mit wem sie diese teilen wollen.

Die Informationstechnologie ist bereits auf dem Vormarsch

In der Informationstechnologie spricht heute jeder über Dezentralisierung. Die Menschen fordern nicht nur das Eigentum an ihren privaten Informationen und den ungefilterten Fluss öffentlicher Informationen, sondern erkennen mit dem bevorstehenden Internet der Dinge auch die immensen Risiken, die mit zentralisierten Informationssystemen verbunden sind. Im schlimmsten Fall hätte ein Unternehmen, das zentralisierte Informationen über selbstfahrende Autos besitzt, die Macht, diese Autos überall auf der Welt abzuschalten.

Edge Computing, das die Speicherung von Computerdaten näher an den Ort bringt, an dem sie benötigt werden, wird manchmal als Schritt in Richtung Dezentralisierung dargestellt. Unter dem Gesichtspunkt des Gesetzes der Nachhaltigkeit zielt diese Technologie jedoch darauf ab, die Effizienz des zentralen Eigentums an Informationen zu erhöhen – und nicht um den Schutz des persönlichen Besitzes privater Informationen zu verbessern.

Die Blockchain – eine wichtige und sehr zuverlässige Erfindung – ist ein vielversprechender Weg zur vollständigen Verbreitung von Informationen und ein wichtiger Schritt auf dem Weg zu diesem Paradigmenwechsel. Sie eröffnet neue Wege der Konsensfindung und hat das Potential zur Dezentralisierung, wird aber derzeit noch nicht zu diesem Zweck eingesetzt. Es bedarf weiterer Entwicklungen, um Blockchain für eine wirklich dezentralisierte Verwaltung von Informationen zu konzipieren.

Innovatoren gehen voran

Einige Innovatoren gehen bereits beim Paradigmenwechsel zu vollständig dezentralisierten Kreislaufinformationssystemen voran. Beispiele hierfür sind:

- SOLID, ein neues Projekt unter der Leitung von Tim Berners-Lee, das am Massachusetts Institute of Technology (MIT) durchgeführt wird. Das Projekt zielt darauf ab, die Art und Weise, wie Webanwendungen heute funktionieren, radikal zu ändern, was zu echtem Eigentum an urheberrechtlich geschützten Informationen führt.
- THREEFOLD ist eine weitere technologische Entwicklung in diese Richtung. Sie bieten auch Werkzeuge für eine echte Bereitstellung von dezentralisiertem Informationsmanagement.

Es gibt mehrere andere aktive Initiativen, die darauf abzielen, dass Einzelpersonen ihre persönlichen Informationen innerhalb ihrer selbst definierten Kreise mit echter und vollständiger Dezentralisierung teilen können.

Regierungen müssen Gesetze erlassen, um das Eigentum an privaten Informationen zu stärken

Die Unternehmen der Informationstechnologie können diesen Paradigmenwechsel nicht allein vollziehen. Die Regierungen müssen sie mit Rechtsvorschriften unterstützen, die ein persönliches Eigentum an Informationen ermöglichen.

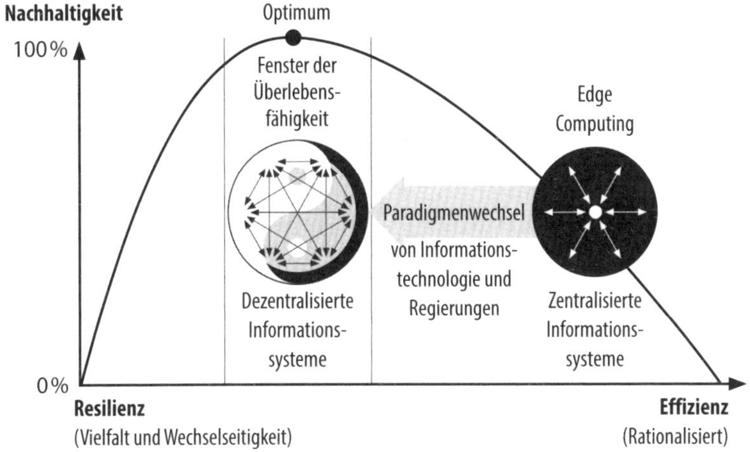

Abb. 21: Für die Nachhaltigkeit des menschlichen Informationssystems müssen die Informationstechnologie und die Regierungen ihre Kräfte bündeln.

Wie immer, wenn die Menschheit an einem Wendepunkt zu einem neuen Paradigma steht, haben die Gesetzgeber zu kämpfen. Oft erkennen sie zu spät, dass das neue Paradigma eine Überarbeitung der bestehenden Gesetze oder sogar neue Gesetze erfordert. Die Gesetzgeber sind in der Regel im alten Paradigma verhaftet und tun sich schwer damit, die Folgen der neuen Gesetze, die sie entwerfen, vorherzusehen. Ein Beispiel aus der Schweiz:[39] Der Kanton Graubünden verbot im Jahr 1900 die Benutzung von Autos (neues Paradigma) auf seinen Straßen mit der Begründung, dass diese die Pferde scheu machen und für den übrigen Verkehr gefährlich sind (altes Paradigma). Es dauerte bis zum 21. Juni 1925, bis dieses Gesetz geändert wurde und Autos zugelassen wurden. Die Geschichte der Menschheit ist voll von ähnlichen Fällen, wie Barbara W. Tuchman in ihrem berühmten Buch *The March of Folly* schreibt.

Das menschliche Informationssystem bildet da keine Ausnahme. Es reagiert auf Versuche (Gesetze), es zu verändern, nicht direkt, sondern in Schleifen (siehe Kapitel über die Logik von Aristoteles). Daher kann es leicht passieren, dass gutgemeinte Gesetze zu unvorhergesehenen negativen Zwängen führen, die die Nachhaltigkeit verringern, anstatt sie zu erhöhen. Insbesondere wenn die Gesetzgeber noch im alten Paradigma verhaftet sind, fällt es ihnen schwer, hilfreiche Gesetze für das neue Paradigma zu entwerfen.

In der Europäischen Union (EU) wurden beispielsweise neue Urheberrechtsgesetze vom EU-Parlament mit dem Ziel verabschiedet, private Informationen zu schützen und zu respektieren. Einige IT-Experten stellen jedoch fest,[40] dass diese gutgemeinten Gesetze zu einer ernsthaften Einschränkung des menschlichen Informationssystems führen. Das beschreibt ein Artikel mit der Überschrift: »Die Europäische Union bereitet sich darauf vor, das Internet mit einem neuen Urheberrechtsgesetz zu zerstören.«

Sie weisen insbesondere darauf hin,[41] dass Artikel 11 (die Wiedergabe von mehr als »einzelnen Wörtern oder sehr kurzen Auszügen« von Nachrichten eine Lizenz erfordert – auch von Einzelpersonen), und Artikel 13 (der von Websites verlangt, im Voraus Lizenzen für alles zu kaufen, was die Nutzer möglicherweise hochladen) dazu führen wird, dass das Internet den wenigen großen Akteuren wie Google, Amazon und so weiter überlassen wird und kleine Unternehmen oder einzelne Nutzer vom menschlichen Informationsfluss ausgeschlossen werden.

Wie schon gesagt: Wir halten dies für eine typische Entwicklung in einem Paradigmenwechsel und erwarten, dass die Gesetzgeber (auch die EU) ihre Gesetze letztlich so anpassen, dass sie das Ziel der Nachhaltigkeit des menschlichen Informationssystems besser berücksichtigen und ermöglichen.

Ein Beispiel dafür ist der Vertrag für das Web, der »als Mechanismus konzipiert wurde, mit dem jede Partei zur Rechenschaft gezogen werden kann, wenn sie ihren Teil zum Aufbau eines offenen und freien Webs beiträgt«, und der die Vertragsgrundsätze für Regierungen, Unternehmen und Bürger festlegt.

Und jetzt sind Sie dran

Auf den vorangegangenen Seiten haben wir darüber berichtet, wie uns das Eigentum an unseren privaten Informationen entzogen wurde, um damit Geld zu verdienen.

Heute bestimmen zentralisierte Organisationen, welche Informationen wir erhalten – mit anderen Worten, wie wir unsere Welt und ihre Zukunft wahrnehmen. In der Tat schränken sie das menschliche Informationssystem ein und wirken als Zensoren.

Dies hat sich deutlich daran gezeigt, wie einige Regierungen in der Lage waren, persönliche Informationen zu nutzen, um konkurrierende Regierungen zu destabilisieren, sich in ihre Wahlen einzumischen und sozialen Unfrieden zu säen, indem sie »Blasen« schufen, in denen die Verbraucher mit Informationen versorgt werden, die – ob sie nun den Tatsachen entsprechen oder nicht – dazu beitragen sollen, ihre Überzeugungen zu radikalisieren.

Das Gesetz der Nachhaltigkeit besagt, dass diese Art der Entwicklung unsere Fähigkeit blockiert, die Nachhaltigkeit unserer Welt zu erreichen und zu erhalten.

In allen Diktaturen der Menschheitsgeschichte gab es eine Zensurpolitik mit dem Hauptziel, zu bestimmen, was die Menschen wissen, lesen oder sagen sollten. George Orwells Buch *1984* beschreibt eine Gesellschaft, in der das »Wahrheitsministerium« bestimmt, was die Bürger lesen oder im Fernsehen sehen. Mit einer Entwicklung, wie sie Orwell beschrieben hat, könnten wir die Welt nicht zukunftsfähig halten. Anlässlich des 70. Jahrestages von Orwells Buch wurde in den Medien viel darüber diskutiert, wie der aktuelle Zustand in einigen Ländern der Welt mit der von Orwell beschriebenen Situation des »Wahrheitsministeriums« zu vergleichen ist.

Bei Paradigma 3 geht es vor allem darum, wie wir private Informationen nutzen und wie die Informationstechnologie dies ermöglicht. Daher geht unser Aufruf zum Handeln an alle unsere Führungskräfte und Entscheidungsträger – in der Politik, in der Wirtschaft und überall sonst.

Erstens, als Führungspersönlichkeiten in Politik, Wirtschaft oder anderswo

- Setzen Sie die Priorität Nummer 1 auf die Nachhaltigkeit unserer Welt.
- Führen Sie dazu die Wiederherstellung des persönlichen Eigentums an privaten Informationen in Ihren Verantwortungsbereichen an, indem Sie dem Trend zur Zentralisierung entgegenwirken und die Zentralisierung auf das absolut notwendige Minimum beschränken.

Zweitens, als Experten, wo immer Sie arbeiten

- Bei allem, was Sie entwerfen – insbesondere für die kommende Welt des IoT (Internet der Dinge): Stellen Sie die Nachhaltigkeit unseres menschlichen Informationssystems an die erste Stelle, und
- tragen Sie dazu bei, indem Sie das persönliche Eigentum an privaten Informationen ermöglichen.

Drittens, als Einzelperson

- Verteidigen Sie Tag für Tag Ihr Recht auf persönliches Eigentum an Ihren privaten Informationen.
- Bevorzugen Sie Organisationen und Führungskräfte, die diese Eigenverantwortung ermöglichen und
- wehren Sie sich gegen jede Tendenz, Ihre privaten Informationen zu enteignen.

Was Bernard versprochen und was dieses Buch gehalten hat

In seinem Brief an Sie, liebe Leserin, lieber Leser, zu Beginn dieses Buches hat Bernard versprochen, Sie auf drei Paradigmenwechsel aufmerksam zu machen, die für die Veränderung unserer Welt zum Besseren unerlässlich sind:

1. Einen Paradigmenwechsel in der Wahrnehmung zu vollziehen, von der linearen Logik des Aristoteles zur Sichtweise des Tao; das Gesetz der Nachhaltigkeit zu akzeptieren und zutiefst zu verstehen und zu begreifen, wie es sowohl für einzelne lebende Systeme als auch für unsere gesamte Welt gilt.
2. Einen Paradigmenwechsel in den kulturellen Werten zu vollziehen: zu verstehen, wie wir aus dem Gleichgewicht zwischen patrifokalen und matrifokalen Werten geraten sind und wie wir dieses Ungleichgewicht wieder ins Gleichgewicht bringen müssen.
3. Einen Paradigmenwechsel in Bezug auf Informationen zu vollziehen: wie wir aus dem Gleichgewicht geraten sind, wie uns das Eigentum an unseren privaten Informationen genommen wurde – und wie wir es mit Hilfe unserer Regierungen und der Unternehmen und Fachleute der Informationstechnologie zurückgewinnen können.

Auch mit diesem Buch fordert Bernard Sie auf, persönlich diese Paradigmenwechsel selbst zu durchlaufen, sie einzufordern, wo immer Sie leben und arbeiten, und sie vorzuleben, wenn Sie eine Führungsposition innehaben – sei es als Präsident eines Landes, einer internationalen Organisation oder als verantwortliches Mitglied einer kleinen Gemeinschaft.

Die Welt von morgen ist Ihre Welt. Los! Erschaffen Sie sie.

> Wenn sich die Probleme der Welt zu groß anfühlen, um sie zu lösen, denken Sie klein.
> Schritt für Schritt. Kleine Erfolge schaffen Vertrauen und ebnen den Weg zur Veränderung.
>
> Rosabeth Moss Kanter, Autorin von *The Change Masters*

Weitere Informationen über Bernard Lietaer und das Erreichen der in diesem Buch beschriebenen Paradigmenwechsel sowie die Möglichkeit, sich an der globalen Diskussion zu beteiligen, finden Sie unter https://sustainable-world.ch.

Mehr zu Bernard Lietaer unter **bernard-lietaer.org**

Vier Bücher, ein Anliegen

Im Laufe seiner langen Karriere hat Bernard eine Vielzahl von Büchern zu Währungs- und Finanzthemen geschrieben. Dieses Buch bezieht sich auf vier von ihnen und ein Papier, das er als besonders wichtig für die hier diskutierten Paradigmenwechsel erachtet. Wir empfehlen die Lektüre dieser Bücher, wenn Sie sich eingehender mit den in diesem Buch behandelten Themen beschäftigen wollen.

Mysterium Geld
Verlag: Epubli, Deutschland.
ISBN 200-0-040182-8-25 (englische Fassung in Vorbereitung)

In diesem Buch beschreibt Bernard die kollektiven Emotionen einer Gesellschaft und wie sie ihr Geldsystem formen. In den letzten 500 Jahren wurde der Archetyp der Großen Mutter – Symbol der Natur, der Fruchtbarkeit und des Überflusses – systematisch unterdrückt, was zu einer Dominanz der patrifokalen Werte auf Kosten der matrifokalen Werte führte.

Money and Sustainability *(Geld und Nachhaltigkeit)*
Ein Bericht des Club of Rome – EU Chapter
Herausgeber: Triarchy Press, 2012. ISBN 978-1-908009-7-53

In diesem Buch (das er zusammen mit Christian Arnsperger, Sally Goerner und Stefan Brunnhuber geschrieben hat) erörtert Bernard ausführlich die Stellung unseres traditionellen Geldes im Gesetz der Nachhaltigkeit. Wir halten es für eine unverzichtbare Lektüre für politische Entscheidungsträger, Führungskräfte in Unternehmen und Wirtschaftswissenschaftler, alle, die sich mit Nachhaltigkeit befassen, alle, die im Bereich der Geldsysteme arbeiten, und alle, die ein echtes Interesse an der Zukunft unseres Planeten haben.

Creating Wealth –
Growing Local Economies withLocal Currencies
(Wohlstand schaffen –
Wachsende lokale Wirtschaft mit lokalen Währungen)
Gwendolyn Hallsmith & Bernard Lietaer
Herausgeber: New Society Publishers, 2011. ISBN 978-0-86571-667-4

Dieses Buch, das auf einer Vielzahl von Projekten für Komplementärwährungen basiert, beschreibt detailliert die Gründe für deren Einführung, die Projekte, die Sie starten und durchführen müssen, und die kritischen Erfolgsfaktoren.

Rethinking Money–
How New Currencies Turn Scarcity Into Prosperity
(Geld neu denken –
Wie neue Währungen Mangel in Wohlstand verwandeln)
Mit Jacqui Dunne
Verlag: Berret-Koehler, 2013. ISBN 978-1-60994-296-0

In diesem Buch geben Jacqui und Bernard einen aktualisierten Überblick über unser traditionelles Geldsystem und bieten Strategien für duale Geldsysteme für Banken, Unternehmen und Unternehmer, Regierungen und Nichtregierungsorganisationen.

A World in Balance *(Eine Welt im Gleichgewicht)*
(PDF, zum Herunterladen verfügbar)
https://www.academia.edu/15398979/A_World_in_Balance

In diesem Artikel erörtert Bernard ausführlicher die patrifokalen und matrifokalen Werte und wie sie das Geldsystem einer Gesellschaft bestimmen, und beschreibt insbesondere ein florierendes Doppelwährungssystem auf Bali.

Über Bernard Lietaer[42]

Bernard Lietaer (7. Februar 1942 – 4. Februar 2019) war ein Bauingenieur, Wirtschaftswissenschaftler, Autor und Professor.

Er studierte Ingenieurwesen an der Universität Leuven, wo er von 1975 bis 1978 und von 1983 bis 1986 als Professor für internationale Finanzen tätig war.

Als er zum MIT in die USA ging, begann er auch für McCormick Consultants zu arbeiten. Aufgrund seiner Postgraduiertenarbeit »Financial management of Foreign Exchange. An Operational Technique to Reduce Risk« wurde er im Jahr 1969 vom *Time Magazine* zu einem der zehn besten Wirtschaftsstudenten in Amerika in jenem Jahr gewählt. Als sie 1971 als Buch veröffentlicht wurde, kurz nachdem Präsident Nixon den Dollar vom Goldstandard befreit hatte, erwies sie sich als die einzige systematische Untersuchung, die für alle wichtigen Währungen der Welt verwendet werden konnte.

Als er seine Arbeit zu diesem Thema fortsetzte, entdeckte er den Zusammenhang zwischen unserem Währungssystem und dem Elend. 1978 veröffentlichte er das Buch *A Role for Europe in the North-South Conflict*.

Während seiner Zeit bei der belgischen Zentralbank (Nationalbank von Belgien) war er Präsident des belgischen elektronischen Zahlungssystems und führte den Konvergenzmechanismus (ECU) zum einheitlichen europäischen Währungssystem ein.

Er war Mitbegründer einer der größten und erfolgreichsten Währungsmanagement-Firmen, Gaia Corp, und verwaltete einen Offshore-Währungsfonds (Gaia Hedge II), der in der Zeit von 1987 bis 1991, als er ihn leitete, der weltweit leistungsstärkste verwaltete Währungsfonds war. *Business Week* nannte ihn 1992 den »weltbesten Devisenhändler«.

1991 erhielt er das Buch *Zins- und inflationsfreies Geld* von Margrit Kennedy (deutsche Fassung von 1990), das ihm die wichtigsten Probleme unseres Geldsystems endgültig verständlich machte. Er begann mit grundlegenden Forschungen zum Thema Geld, die in zwei Büchern mündeten: *The Future of Money* (Die Zukunft des Geldes), 1999, und *Mysterium Geld*, 2000.

In der Folge entwickelte er die Idee der Komplementärwährungen, die er in mehreren Büchern, auch zusammen mit Margrit Kennedy und anderen Autoren, sowie in weiteren Publikationen, zahlreichen Konferenzen, als Professor an verschiedenen Universitäten und als Berater von Unternehmen, Organisationen und Regierungen weltweit verbreitete.

Im Jahr 2009 fand er – mit Robert E. Ulanowicz und Sally J. Goerner, basierend auf den Forschungen von Ulanowicz – das Gesetz der Nachhaltigkeit, den wissenschaftlichen Beweis, dass unsere aktuellen Geldsysteme als Monokulturen langfristig sehr instabil sind. In der Publikation *Money and Sustainability – The Missing Link* des Club of Rome hat er mit Christian Arnsperger, Sally J. Goerner und Stefan Brunnhuber aufgezeigt, dass unser Geldsystem unsere Welt aus der Nachhaltigkeit treibt.

Epilog

Zwei wichtige Empfehlungen für dieses Buch sind besser zu lesen, nachdem der Leser den Kontext dieses Buches verinnerlicht hat. Wir danken sowohl Marc Dubrulle als auch Pater Simon Pierre für ihre durchdachten Beiträge zu diesem Buch.

Marc Dubrulle
Ex officio Mitglied des Club of Rome, Präsident emeritus, The Club of Rome EU-Chapter

Das großartige Vermächtnis eines visionären Monetaristen
Bernard Lietaer sah weit und tief. Vielleicht zu weit und zu tief. Sein Denken war kühn und mutig. Das Infragestellen der gängigen Annahmen von Monetaristen, Finanziers, Bankern, Ökonomen und politischen Führern ist verstörend. Sich auf diesen Grundlagen zu bewegen, führt zu Ablehnung oder – schlimmer noch – zu Ignoranz und Gleichgültigkeit.

Ich habe Bernard vor mehr als zehn Jahren im EU-Chapter des Club of Rome (CoR) kennengelernt. Wir waren beide Vorstandsmitglieder. Als ich zum Präsidenten gewählt wurde, begann ich, mich eingehender mit seinem Werdegang, seinem Fachwissen und seinen Veröffentlichungen zu befassen. Wir hatten sehr angenehme und anregende Gespräche, oft bei einem freundlichen privaten Mittagessen oder bei einem Glas belgischem Trappistenbier nach einer Sitzung.

Nachhaltigkeit war das zentrale Anliegen des Clubs, doch dabei wurde monetären Aspekten wenig Aufmerksamkeit geschenkt. Sie wurden als zu technisch angesehen und erforderten ein solides Finanzwissen. Bei unseren Aurelio Peccei Lectures & Dialogues am 19. Februar 2009 wurde Bernard jedoch eingeladen, seine Ansichten zu systemischen Lösungen für die heutigen weltweiten Herausforderungen darzulegen. Diese bezogen sich natürlich auf Geldsysteme. Wir waren beide der Meinung, dass es Raum für eine spezifische Analyse dieser Systeme und ihrer möglichen Alternativen gab. Die ersten Entwürfe eines Manuskripts lagen bereits vor, mit Beiträgen von Christian Arnsperger, Sally Goerner und Stefan Brunnhuber.

Finance Watch wurde 2011 als europäische NRO als Reaktion auf die letzte Finanzkrise gegründet, als die politischen Entscheidungsträger erkannten, dass es keine Gegenmacht zur Finanzlobby gab. Ihr erster Generalsekretär, Thierry Philipponat, wurde von mir zu einem Mittagessen in Bernards Wohnung eingeladen. Wir besprachen das Projekt eines Berichts des CoR-EU an Finance Watch. Die Idee war, die systemischen Fehler in unserem Geldsystem und das ihm zugrunde liegende falsche Denken aufzudecken, das zu den Finanzkatastrophen geführt hat. Der Bericht würde praktische Vorschläge für die Schaffung eines Geld-»Ökosystems« mit komplementären Währungen zur Unterstützung und Stabilisierung des derzeitigen Geldsystems enthalten.

Thierry Philipponat war begeistert. Die Verbindung zwischen Geld und Nachhaltigkeit wurde hergestellt. Dennis Meadows, Mitverfasser von »Grenzen des Wachstums«, erklärte sich bereit, ein Vorwort zu schreiben, das sehr aufschlussreich ist: *Wir werden niemals Nachhaltigkeit schaffen, solange wir im gegenwärtigen Finanzsystem stecken. Früher habe ich das nicht gedacht. In der Tat habe ich überhaupt nicht über das Geldsystem nachgedacht. Ich hielt es für einen neutralen und unvermeidlichen Aspekt der menschlichen Gesellschaft. Aber […] jetzt verstehe ich, wie in diesem Text klar bewiesen wird, dass das vorherrschende Finanzsystem mit Nachhaltigkeit unvereinbar ist.*

Es ist das unbestreitbare Verdienst von Bernard Lietaer, dieses für alle, die sich um die Nachhaltigkeit unseres Planeten und unserer Lebensqualität bemühen, entscheidende Thema aufgezeigt zu haben. Der Bericht *Money and Sustainability: The Missing Link,* wurde 2012 von Triarchy Press, UK, veröffentlicht, unterstützt vom Verwaltungsrat des CoR-EU, vorgestellt bei Finance Watch und der World Business Academy mit einer Eröffnungsveranstaltung in der University Foundation in Brüssel am 30. Mai 2012.

Bernards Weltanschauung reichte offensichtlich weit über das Geldwesen, sein berufliches Fachgebiet, hinaus. Er hatte diesen ganzheitlichen Ansatz, der allzu oft fehlt, wenn es um die vielen Probleme der heutigen Zivilisation geht. Er war ein Humanist im besten Sinne des Wortes, der sich für mehr Gleichheit und Gerechtigkeit einsetzte. Vor allem aber hatte er eine starke Willenskraft und blickte mit Optimismus in die Zukunft. Sein neuestes Buch ist ein großartiges Vermächtnis für uns alle und eine Aufforderung, unsere überholten Vorstellungen zu überdenken.

Pfarrer Simon Pierre

Pater Simon Pierre ist vielleicht der älteste Freund von Bernard. Er ist Benediktinermönch aus dem belgischen Kloster Wavreumont und lebt seit 1974 in einer klösterlichen Stiftung in Peru, genauer gesagt seit 1992 inmitten der indigenen Aymara-Bevölkerung in der Nähe des Titicaca-Sees.

In liebevollem Gedenken an meinen Freund Bernard Lietaer

In Bernards langer Liste von Freunden bin ich wahrscheinlich einer der ersten, denn wir lernten uns als Jugendliche kennen: Ich war 14, er muss 18 oder 19 gewesen sein. Oberflächlich betrachtet standen wir am entgegengesetzten Ende des Spektrums: Ich wollte Benediktinermönch werden, was ich schließlich auch wurde, und er war bereits auf der Suche nach dem

Sinn der sichtbaren und verborgenen Wirklichkeit und wie man sich ihr mit Intelligenz und Herz nähern kann. Seitdem ist unsere Freundschaft durch ein ununterbrochenes Yin-Yang-Gespräch zwischen Mystik und Utopie entstanden, eine geheimnisvolle und stille Konstellation, die auf ihrem Höhepunkt nur der Tod zu unterbrechen vermochte.

Ich möchte den Autoren dieses Buches dafür danken, dass sie mir die Möglichkeit gegeben haben, das Gespräch über das Geheimnis des Unsichtbaren wieder aufzunehmen. Sie ermutigen mich, auf der Grundlage der drei hier vorgeschlagenen Paradigmenwechsel eine stets offene Debatte zwischen dem Mönch und dem Visionär fortzusetzen, die beide auf unterschiedlichen Wegen das »unverzichtbare Unmögliche« erforschen, das wir Hoffnung nennen.

Aber ich bin nicht hier, um über »ihn und mich« zu sprechen, was nur ihm und mir zukommt, sondern um mit Ihnen die Aufforderungen dieses Buches von dem Punkt aus zu lesen, an dem ich mich in meinem menschlichen und spirituellen Abenteuer befinde. Ich werde mir daher erlauben, auf die hier vorgeschlagenen Paradigmen unter zwei Gesichtspunkten einzugehen: Kultur und Mystik.

Kultur als transversale Achse

Wie jedes Mal, wenn wir eine Debatte eröffnen, werde ich mir erlauben, erneut einen grundlegenden Einwand gegen Bernards Hypothesen vorzubringen, nicht um ihre Relevanz zu leugnen, sondern um ihren Horizont zu erweitern.

Ist das Binom von Effizienz und Resilienz nicht zu eng gefasst und laufen wir nicht Gefahr, durch seine Flexibilisierung das System der westlichen Zivilisation zu festigen, das die Welt in vielerlei Hinsicht entmenschlicht? Ich habe natürlich immer die Fähigkeit des Westens bewundert, sich anzupassen und zu korrigieren, um seine eigenen Fortschrittsdogmen nicht grundlegend in Frage stellen zu müssen. Keine Kultur und kein System hat wie wir die Fähigkeit, sich ständig neu zu erfinden und sich nie wirklich in Frage zu stellen.

Ist das nicht immer noch das Risiko dieses Paradigmenwechsels: sich neu erfinden, um sich nicht zu verändern? Wer würde dieser schönen Utopie von Bernard nicht zustimmen? Die Zukunft des Planeten, aber vor allem der Fortbestand der westlichen Weltanschauung, hängt davon ab. Aber ist das die Priorität?

Das fehlende Glied der Kulturen

Nachdem ich selbst viele Jahre im Herzen der indigenen Kulturen der peruanischen Anden gelebt habe, habe ich gelernt, meine europäischen Dogmen über Glück, Leben und die Welt radikal zu hinterfragen. Es gibt wirklich andere Sichtweisen auf den Menschen und insbesondere auf das Verhältnis der Unterschiede zwischen den Menschen und dem gesamten Kosmos.

Die erste Revolution ist anthropologischer Natur. Ist der als Individuum konzipierte Mensch wirklich der Mittelpunkt der Welt? Ist der verschärfte Anthropozentrismus des Westens eine gute Nachricht für die Welt? In den traditionellen Kulturen der Anden (und das ist wahrscheinlich nicht die einzige) existiert die Gemeinschaft vor dem Individuum, und der Mensch erkennt sich nur in der Beziehung der Gegenseitigkeit.

Das patrifokale Paradigma und das matrifokale Paradigma sind also nicht zwei sich ergänzende Standpunkte, sondern eine einzigartige Bewegung der Gegenseitigkeit. Wir können sogar noch weiter gehen und uns bei diesen traditionellen Kulturen fragen, ob der Mensch im Vergleich zu den übrigen Bewohnern des Universums eine privilegierte Funktion hat. In nichtwestlichen Kulturen ist sehr oft die Harmonie, die unter allen

Lebewesen bewahrt und ständig wiederhergestellt wird, das wahre Ziel des Universums und des Lebens in ihm, nicht in erster Linie Nachhaltigkeit. Effizienz und Resilienz sind absolut nicht Bestandteil dieser Anschauung.

Diese Vielfalt von Kosmovisionen, impliziten Anthropologien und Utopien ist im kollektiven Unbewussten immer präsent. Ein Volk kann oberflächlich durchaus die Kategorien der westlichen Rationalität übernehmen; und selbst wenn es verändert und aufgeweicht wird, reagiert sein tiefes Wesen immer noch und fühlt sich im Einklang mit seinen Wurzeln.

Es scheint mir daher unerlässlich, die neuen Paradigmen, von denen wir hier sprechen, dem Urteil und dem transformativen Schmelztiegel der Kulturen in ihrer Besonderheit zu unterwerfen. Es ist sicherlich heute undenkbar, die westliche Rationalität, die zum Erbe der gesamten Menschheit geworden ist, auszuschließen. Aber sie kann und muss von Grund auf neu überdacht werden: auf der Grundlage anderer, gesünderer und humanerer Ansätze. Die allgegenwärtige Gewalt, die durch die Auferlegung westlicher Kategorien auf die Welt entsteht, hat ihren Ursprung sicherlich zum größten Teil im Vergessen der Weisheit, die in den Kulturen von gestern und heute verkörpert ist.

Die symbolische Dimension

Eine in der westlichen Rationalität zunehmend abwesende Dimension hat viel mit Symbolik und Poetik zu tun. Wir haben diese Räume so weit voneinander getrennt, dass sie nicht mehr wirklich miteinander verbunden sind. Jeder bewegt sich in seinem eigenen Universum.

In nicht-westlichen Kulturen sind Symbolik und Poetik eng miteinander verbunden. Wir sprechen hier sogar von symbolischer Technologie und der dem menschlichen Handeln innewohnenden Ritualität. Gerade in diesem Bereich, dem symbolischen und rituellen, macht sich die menschliche Gemeinschaft nicht nur alle Informationen neu zu eigen, wie es der dritte Paradigmenwechsel impliziert, sondern interpretiert sie auch neu und verleiht ihnen in gewisser Weise neuen Wert.

Ohne diese Wiederverzauberung der Welt in der Vielfalt der Intuitionen der Menschen werden die neuen Paradigmen nie mehr sein als ein Wechsel der Kleidung, die flexibler und angepasster ist, aber dem Körper, der sie trägt, genauso fremd.

Die ethische Dimension

Auch wenn Resilienz blinde Effizienz korrigiert und die patrifokale Dynamik in der Vielfalt humanisiert, ebenso wie die Gewinnung von Informationen eine kritische Unterscheidung und Entscheidungsfindung ermöglicht, lässt sich nicht leugnen, dass die jüngsten Entwicklungen im Westen den Begriff der Ethik weitgehend aus den Entscheidungen und Wahlmöglichkeiten entfernt haben.

Gewiss, der demokratische Humanismus erlegt der blinden Gier des Marktes eine Reihe von normativen Bedingungen und Grenzen auf. Aber das ist in der großen Mehrheit der Länder der Welt, einschließlich der Vereinigten Staaten, kaum der Fall. Das universelle Wirtschaftsdogma des Profits scheint unfehlbar zu sein und über den ethischen Anforderungen der Staaten und multinationalen Gemeinschaften zu stehen.

Mystik in die Entscheidungen einbringen?

Es scheint sehr beleidigend, ja absurd, in diesem Zusammenhang von Mystik zu sprechen. Und doch scheinen uns die unvorhersehbaren Launen der Realität, sogar des Marktes, zu sagen, dass es eine Dimension des Mysteriums in der Welt gibt, die berücksichtigt werden muss und die mit der Unvorhersehbarkeit des Menschen zu tun hat. Liegt in dem Begriff der Nachhaltigkeit nicht eine massive Form der Arroganz, als ob wir endlich alles vorhersehen und steuern könnten?

Als Mönche erheben wir den Anspruch, Zeugen dieses Geheimnisses zu sein, dieser Unvorhersehbarkeit der Wirklichkeit, des Jenseits all unserer Errungenschaften im Unsichtbaren. Eine Verrücktheit, die notwendig ist für eine Welt, die jenseits ihrer Prognosen und Neuausrichtungen atmet, selbst wenn diese brillant sind.

Ethik als Voraussetzung

Ich habe bereits erwähnt, dass die meisten unserer politischen und wirtschaftlichen Entscheidungen nicht nach ethischen Kriterien getroffen werden. Letztendlich stellen wir uns die Frage *a posteriori.* Die Ethik, als Folge der Mystik, ist im Gegenteil ein notwendiges *Apriori*, eine Bedingung für jede Entscheidung und jedes Urteil.

Seit langem setze ich mich für die Schaffung einer ethischen UNO ein, in der die Weisen der Welt ihre spirituellen und ethischen Grundlagen austauschen, um die politische, wirtschaftliche und soziale Welt zu verwalten. Das war, glaube ich, der Sinn von Präsident Mitterrands Einsetzung seines berühmten multi-philosophischen Ethikkomitees. Aber es scheint, als würde es noch lange dauern.

Der Dialog wird fortgesetzt

Dies sind einige der Torheiten eines untypischen Mönchs, der die Utopien seines Freundes Bernard betrachtet, wie wir es immer getan haben: aus dem Herzen des Freundes heraus, aber mit der Distanz, die eine wahre Freundschaft immer erlaubt.

Ich kann bereits seine stumme Antwort aus dem absoluten Geheimnis hören, in dem er jetzt lebt, und ich erwarte diese

Antwort mit Ungeduld und Freude. Aber das wird in einem anderen Raum geschehen.

Verzeihen Sie mir diesen Unsinn. Aber ich weiß, dass Bernard im Grunde ein Mystiker war und dass er seit unseren Anfängen in der Jugend dieses besondere Lied kannte, das auf einer geheimnisvollen Gitarre der Stille geschrammelt wurde.

Vielen Dank, Bernard.

Abbildungsverzeichnis

Endnoten

1 https://dictionary.cambridge.org/us/dictionary/english/paradigm-shift

2 Wissenschaftler nennen dies »System«.

3 https://www.ancient.eu/Yin_and_Yang

4 https://en.wikipedia.org/wiki/Living_systems

5 https://dictionary.cambridge.org/dictionary/english/sustainability

6 https://www.merriam-webster.com/dictionary/viability

7 https://www.intelligenteconomist.com/monetary-systems

8 https://www.researchgate.net/figure/Causal-loop-diagram-depicting-forest- cover-decline-on-Negros-Island-generated-by_fig1_45267560

9 Sally J. Goerner, Bernard Lietaer, Robert E. Ulanowicz: »Quantifying economic sustainability: Implikationen für Theorie, Politik und Praxis der freien Marktwirtschaft«, 28. August 2009.

10 Siehe Kapitel »Vier Bücher, ein Artikel«

11 https://www.ancient.eu/Yin_and_Yang

12 Helmut Stalder, NZZ (*Neue Zürcher Zeitung*), 20. März 2019)

13 http://www.geoengineeringmonitor.org/2018/11/fire-and-plantations-in-portugal

14 https://pubs.acs.org/doi/abs/10.1021/ba-1955-0013.ch007?src=recsys

15 https://en.wikipedia.org/wiki/Rigidoporus_microporus#White_root_rot_of_rubber, April 2019

Siehe Bernard Lietaers Buch *Money and Sustainability – The Missing Link*, Bericht des Club of Rome – EU Chapter, 2012, verfasst mit Christian Arnsperger, Sally J. Goerner und Stefan Brunnhuber

17 https://en.wikipedia.org/wiki/Complementary_currency

18 https://www.merriam-webster.com/dictionary/complement

19 Priming […] bezieht sich auf die Aktivierung bestimmter Repräsentationen oder Assoziationen im Gedächtnis, kurz bevor eine Handlung oder Aufgabe ausgeführt wird. Zum Beispiel wird eine Person, die das Wort ***gelb*** sieht, das Wort ***Banane*** etwas schneller erkennen. https://www.psychologytoday.com/intl/basics/priming. »Geldsüchtige Menschen sind […] egoistischer […] viel weniger hilfsbereit […] zeigen eine größere Vorliebe für das Alleinsein.« Kahnemann, Daniel; Nobelpreisträger; *Thinking, Fast and Slows*, Penguin Books, S. 55.

20 https://www.investopedia.com/terms/c/cryptocurrency.asp

21 »Krypto« bezieht sich auf die Tatsache, dass verschiedene Verschlüsselungsalgorithmen und kryptografische Techniken, wie z. B. die Verschlüsselung mit elliptischen Kurven, öffentlich-private Schlüsselpaare und Hash-Funktionen, verwendet werden.

22 Der Erfolg von Bitcoin hat eine Reihe konkurrierender Kryptowährungen hervorgebracht, die als »Altcoins« bekannt sind, wie Litecoin, Namecoin und Peercoin sowie Ethereum, EOS und Cardano. Heute gibt es buchstäblich Tausende von Kryptowährungen mit einem Gesamtmarktwert von über 120 Milliarden US-Dollar.

23 Weitere Einzelheiten finden Sie in dem Buch *Rethinking Money* (geschrieben mit Jacqui Dunne), S. 99 ff.

24 http://www.lietaer.com/2010/09/the-story-of-curitiba-in-brazil

25 Mehr über LETS in Bernard Lietaers Buch *Rethinking Money*, geschrieben mit Jacqui Dunne, S. 75

26 http://www.letsadelaide.org

27 http://www.lightlink.com/hours/ithacahours

28 https://cointelegraph.com/news/ithaca-ny-launches-its-own-digital-currency- zur Förderung der lokalen Wirtschaft

29 Der Wert von Währungseinheiten ist so konzipiert, dass er im Laufe der Zeit mit einer festen Rate fällt.

30 https://www.amazon.com/gp/product/B005MRA6UK/ref=dbs_a_def_rwt_hsc h_vapi_taft_p1_i1

31 Brundtland-Bericht, zitiert in *Money and Sustainability, the Missing Link*, S. 33.

32 Studie der Universität Düsseldorf, Nov 2018

33 https://www.sciencedaily.com/releases/2018/11/181105105401.htm https://www.forbes.com/sites/kathycaprino/2016/05/12/how-decision-making-is-different-between-men-and-women-and-why-it-matters-in-business/#61c0dcb54dcd

34 https://www.ohchr.org/en/professionalinterest/pages/ccpr.aspx

35 https://www.vanityfair.com/news/2018/07/the-man-who-created-the-world-weites-web-hat-etwas-zu-bedauern

36 https://www.nytimes.com/interactive/2019/04/30/opinion/privacy-targeted- werbung.html

37 https://privacyinternational.org

38 https://www.ft.com/content/6954971e-5d3a-11e9-939a-341f5ada9d40?mc_cid=e16fae871c&mc_eid=4e204fdf93

39 https://www.nzz.ch/schweiz/schweizer-geschichte/sonderfall-graubuenden-der-kampf-ums-automobil-ld.103634

40 https://www.zdnet.com/article/the-eus-new-copyright-laws-threaten-to-destroy-the-internet
41 https://juliareda.eu/2019/02/eu-copyright-final-text
42 https://www.revolvy.com/page/Bernard-Lietaer

Index

WEITERE TITEL BEI NEUE ERDE

Unsere Kinder und Enkel immer mitbedenken!
»Wir Mi'kmaq sehen sieben Generationen voraus. Wir können doch nicht das Wasser der Kinder unserer Kinder vergiften! Es geht uns in unserem Leben und Handeln nicht zuerst ums Geld, sondern um die Welt. Wir wollen sicherstellen, dass der Platz zum Leben auch in Zukunft erhalten bleibt.« Diese Bemerkung ließ den Autor nicht mehr los, und er nahm die Spur auf, verfolgte sie von den Naturvölkern zu den Naturphilosophen bis zu den heutigen Vordenkern einer Verbindung von Wissenschaft und Spiritualität.

Peter Krause
Sieben Generationen
Eine alte indigene Weisheit für die Welt von heute und morgen
Klappenbroschur, 192 Seiten
ISBN 978-3-89060-817-4

Die Lebensprozesse eines gesunden Planeten
Nur die eine Erde erklärt die planetarischen Lebenserhaltungssysteme in ihrer Ganzheit, bietet eine umfassende Gesamtdarstellung der globalen ökologischen Krise und zeigt die uns verbleibenden Optionen auf, um ein zuträgliches Klima und die noch vorhandene Artenvielfalt zu retten, die Verseuchung zu beenden und die Ökosphäre dieses Planeten zu heilen.

Fred Hageneder
Nur die eine Erde
Globaler Zusammenbruch oder globale Heilung – unsere Wahl
Klappenbroschur, 376 Seiten
ISBN 978-3-89060-796-2

Botschaften aus dem Herzen der Welt
Das Buch zeichnet sich durch die reinen Worte der Kogi-Weisen aus, die in längeren Zitaten direkt zum Leser sprechen. Die einzelnen Kapitel werden jeweils durch die Erläuterungen des Autors zu diesen Worten und ihrer Bedeutung vervollständigt, ergänzt durch die Erlebnisse in den Hütten und Dörfern dieses ursprünglichen Volkes.

Lucas Buchholz
Kogi
Wie ein Naturvolk unsere moderne Welt inspiriert
Klappenbroschur, 272 Seiten
ISBN 978-3-89060-761-0

Erinnerungen einer der großen Aktivistinnen unserer Zeit
Ihr gesamtes Lebenswerk ist von einer tiefen Liebe zum Leben und zur Freiheit durchdrungen. Es ist diese Liebe, die sie anspornt, all das zu verteidigen, was von Unfreiheit bedroht ist – Wälder, Flüsse, Saatgut, Boden, Biodiversität und auch die Menschen, die davon leben. Zusammen mit der quantenphysikalischen Erkenntnis, dass alles miteinander verbunden, alles eins ist, weiß sie Herz und Intellekt zu einer unschlagbaren Waffe im Kampf für das Leben zu vereinen.

Vandana Shiva
TERRA VIVA
Mein Leben für eine lebendige Erde
Hardcover, 240 Seiten
ISBN 978-3-89060-829-7

Von der Ausplünderung zur Regeneration
In diesem Buch trägt Vandana Shiva ihre Themen mit Nachdruck und im Lichte der aktuellen Ereignisse vor. Und sie macht deutlich, dass es nicht damit getan ist, das derzeitige Wirtschaftssystem zu reformieren. Denn was wir derzeit haben, ist keine Ökonomie im Sinne von Oikos, dem gemeinsamen »Haus« unserer Erde, dem Haushalt der Natur, den die Ökologie beschreibt. Was »Wirtschaft« und »Wachstum« genannt wird, ist Extraktvismus, Plünderung der Lebensgrundlagen, ein Zehren von der Substanz.

Vandana Shiva
Wahre Wirtschaft
Von der Geldgier zu einer Ökonomie der Fürsorge
Hardcover, 304 Seiten
ISBN 978-3-89060-820-4

Einssein versus das 1%
In diesem klug auf Fakten aufgebauten Buch zeigt Vandana Shiva, wie eine kleine Gruppe superreicher Einzelpersonen, Stiftungen und Investmentfirmen die Kontrolle über unsere Lebensmittelversorgung, unser Informationssystem, unser Gesundheitswesen und unsere Demokratien immer weiter ausbaut. Die Autorin macht sehr deutlich, dass unser Überleben von der Vielfalt unseres Saatgutes und dass unsere Demokratien von einer aufgeklärten Öffentlichkeit abhängen.

Vandana Shiva, Kartikey Shiva
Eine Erde für alle! – Einssein versus das 1%
Aufstehen gegen die Monokultur von Wirtschaft und Weltsicht
Klappenbroschur, 192 Seiten
ISBN 978-3-89060-797-9

Unsere Zukunft ist lokal – oder sie ist nicht
Vor uns liegen zwei diametral entgegengesetzte Wege: Der eine führt uns unerbittlich in Richtung einer rasanten, groß angelegten monokulturellen technologischen Entwicklung. Es ist ein Weg, der uns voneinander und von der natürlichen Welt trennt und unseren sozialen und ökologischen Niedergang beschleunigt. Auf dem anderen Weg geht es darum, sich zurückzunehmen und eine tiefe Verbundenheit zu fördern, um die sozialen und wirtschaftlichen Strukturen wiederherzustellen, die für die Befriedigung unserer materiellen sowie tieferen menschlichen Bedürfnisse nötig sind.

Helena Norberg-Hodge
Lokal ist unsere Zukunft
Schritte zu einer Ökonomie des Glücks
Klappenbroschur, 184 Seiten
ISBN 978-3-89060-819-8

Die Neue Erde manifestieren
Angesichts der Notlagen in der Welt – Krieg, Artensterben, Klimazerrüttung und mehr – ist heute nichts notwendiger, als das Bild einer glücklichen, lebenswerten und erfüllenden Zukunft erstehen und aus dieser Vorstellung heraus Wirklichkeit werden zu lassen: zu manifestieren. Dieses Buch entwirft eine Vision mit riesigem Wachstumspotential, und wir alle sind aufgerufen, unsere Welt von morgen bereits heute zu erträumen – und zu erschaffen.

Catharina Roland, Coco Tache
Das Manifest der Neuen Erde
Hardcover, 208 Seiten, durchgehend mit farbigen Fotos
ISBN 978-3-89060-824-2

Positives ist machbar!
Alternative Lebensformen, wie sie in den Ökodörfern weltweit erprobt werden, schaffen Modelle gelebter Nachhaltigkeit. Angesichts von Klimawandel, Armut, Einsamkeit und Krieg arbeiten sie an Lösungen und erproben sie im wirklichen Leben – meist mit einfachen Mitteln, aber oft mit spektakulären Ergebnissen. In diesem Buch stellen wir eine Auswahl von Ökodörfern aller Kontinente vor, die einen Eindruck vom Reichtum und der Vielfalt der Bewegung geben.

Kosha Anja Joubert, Leila Dregger
Ökodörfer weltweit
Lokale Lösungen für globale Probleme
Klappenbroschur, 192 Seiten, mit vielen farbigen Fotos
ISBN 978-3-89060-664-4

Agrarökologie versus Agrarindustrie

In dieser Abrechnung der Wissenschaftlerin und Aktivistin Vandana Shiva wird eindrucksvoll dargelegt, wie die Agrargroßindustrie mit Chemie und Gentechnik den Planeten plündert, die Lebenswelt zerstört und unsere Gesundheit untergräbt. Und sie zeigt faktenreich und sachkundig auf, wer wirklich unsere Nahrungsgrundlage sicherstellt und wie wir den Hunger besiegen und unsere Nahrungssicherheit wiederherstellen können.

Vandana Shiva
Wer ernährt die Welt wirklich?
Das Versagen der Agrarindustrie und die notwendige Wende zur Agrarökologie
Klappenbroschur, 256 Seiten
ISBN 978-3-89060-798-6

Philanthropie als Deckmantel für ungezügelten Kapitalismus

»Philanthrokapitalismus und die Aushöhlung der Demokratie« ist eine Sammlung von Aufsätzen, die aus verschiedenen Perspektiven auf die Gefahren der von Konzernen und einzelnen Milliardären betriebenen philanthropischen »Entwicklungen« in den Bereichen Agrartechnologie, Ernährung, Bildung und globale Gesundheitssysteme eingehen. Das Buch wurde von Vandana Shiva zusammengestellt und enthält erhellende Beiträge unabhängiger Denker und Aktivisten.

Vandana Shiva (Hrsg.)
Philanthrokapitalismus und die Aushöhlung der Demokratie
Wie Konzerne Technologie, Gesundheit und Landwirtschaft übernehmen
Klappenbroschur, 320 Seiten
ISBN 978-3-89060-835-8

Der grüne Schein trügt

Tatsache ist: Unsere auf fossiler Energie beruhende industrielle Lebensweise ist mit dem Lebenssystem der Erde – von dem wir untrennbar Teil sind – nicht vereinbar. Aber wir belügen uns gerne: »Grüne« Technologie sei der Ausweg, um uns von fossiler Energie unabhängig zu machen und trotzdem unsere Lebensweise beibehalten zu können. Schöner Schein! Wind-, Sonnen- und Wasserenergie: Sie alle setzen eine industrielle Infrastruktur voraus, die auf fossiler Energie beruht. Sie stellen einen Riesenumweg dar, der in dieselbe Patsche führt.

Derrick Jensen, Lierre Keith, Max Wilbert
Schöner grüner Schein
Warum »grüne« Technologien derselbe Irrweg in Grün sind
Klappenbroschur, ca. 512 Seiten
ISBN 978-3-89060-838-9

Hier kann man sich zum **Neue Erde-Newsletter** anmelden:
newsletter.neueerde.de/anmeldung

NEUE ERDE im Buchhandel

Neue Erde ist ein kleiner unabhängiger Verlag, und der unabhängige Buchhandel ist unser natürlicher Partner. Wir unterstützen die Initiative »buy local«.

Sollte es Lieferschwierigkeiten bei den Büchern von NEUE ERDE geben, lassen Sie immer im VLB (Verzeichnis lieferbarer Bücher) nachsehen, im Internet unter **www.buchhandel.de**

Alle lieferbaren Titel des Verlags sind für den Buchhandel verfügbar.

Sie finden unsere Bücher auch auf unserer Homepage **www.neue-erde.de** oder in unserem Gesamtverzeichnis, welches Sie gerne hier anfordern können:

NEUE ERDE GmbH
Cecilienstr. 29 · 66111 Saarbrücken
info@neue-erde.de

NEUE ERDE